지금은 우리가 사랑해야 할 시간

지금은 우리가
사랑해야 할 시간

광고가 알려준 사랑법

| 김병희 지음 |

Now Is The Time For Us To Love

The way of love where the advertising has taught us

광고가 알려준 사랑법

우리는 하루 24시간을 넘어 365일 내내 광고의 홍수 속에서 살아가고 있다. 아침에 눈을 뜨자마자 열어보는 스마트폰에서, 무의식적으로 켜는 텔레비전에서, 출근길에 듣는 라디오에서, 지나가는 버스 옆면의 교통광고에서, 각종 모니터에 등장하는 디지털 사이니지Digital Signage에서, 빌딩 벽면의 미디어 파사드Media Façade에서, 가끔씩 펼쳐보는 신문에서, 수시로 등장하는 광고와 마주치게 된다. 광고가 전하는 메시지는 시대의 욕구를 반영하지만, 때때로 없던 욕구나 새로운 유행을 창조하기도 한다. 그런데 많은 광고에서는 브랜드에 대한 판매 메시지뿐만 아니라, 사랑의 메시지도 전하고 있다. 우리 주변에는 브랜드 메시지를 전하면서도 서로 사랑하라고 말하는 광고가 뜻밖에도 많다. 이 책에서는 광고가 전하는 사랑의 메시지에 주목해 광고가 알려준 사랑법을 살펴보았다.

모두가 즐겨 부르는 노래가 있다. "지금은 우리가 헤어져야 할 시간, 다음에 또 만나요. 지금은 우리가 헤어져야 할 시간, 다음에 다시 만나요."
딕훼밀리의 「또 만나요」라는 노래다. 헤어지는 마음이야 아쉽지만 다음에 만날 날을 약속하면서 이제 그만 헤어지고 다음에 다시 만나자는 노래다. 이 책의 제목은 노래 가사에서 패러디했다. 1974년에 발표된 이 노래는 지금도 여전히 사랑받고 있다. 노래방의 마지막 곡은 언제나 이 노래다. 노래방이 아닌 다른 자리에서도 모임이 끝날 기미가 보이지 않을 때면 마음 바쁜 사람이 스마트폰을 꺼내 이 노래를 틀기도 한다. 이 노래는 헤어질 시간을 말하면서도 다음에 다시 만나자는 사랑의 노래다. 사랑하는 마음이 갈수록 옅어지는 세태를 보며, 이 노래의 리듬에 맞춰 '지금은 우리가 사랑해야 할 시간'이라고 노래하고 싶었다. 책 제목을 노래 가사에서 패러디한 이유도 그 때문이다. 모두 4부로 구성된 이 책의 내용을 간략히 소개하면 이렇다.

제1부 '뜨겁고도 아름다워라, 청춘의 사랑'에서는 물불을 가리지 않고 열정적으로 사랑에 빠지는 청춘들의 뜨거운 사랑에 특별히 주목했다. 사랑 고백과 장미의 관계, 결혼 프러포즈를 공개적으로 하는 용기, 사랑의 범주를 수정해야 하는 이유, 참과 보선의 사랑에 필요한 항해 연료, 청년의 성과 사랑을 포용하는 시선, 사랑의 밀착과 밀착된 사랑, 결혼 생활에서의 충돌과 사랑, 자신에 대한 믿음과 사랑, 사랑을 받는 것보다 사랑하는 것의 행복 같은 문제를 짚어보며 청춘의 뜨거운 사랑에 따스한 시선을 던졌다. 뜨겁고도 아름다운 청춘의 사랑 문제를 따라가다 보면 독자들도 똑같이 젊어지고 있음을 점점 느끼게 될 것이다.

제2부 '**따스하고 아늑한 품속, 가족의 사랑**'에서는 가족 가치관이 점점 무너지고 있는 현실에서 가족 간의 사랑이 얼마나 중요한지 살펴보고 가족 사랑의 구체적인 방안을 제시했다. 신랑, 신부에게 부모의 의미, 아버지와 아들의 관계, 아버지에 대한 자식의 자책감, 완벽한 엄마를 꿈꾸지 않기, 자식이 생각하는 엄마의 정의, 아이에게 유익한 더러운 것, 사랑의 유효기간, 어버이날의 사랑, 자식에게 필요한 빈방 같은 현상을 소개하며 가족끼리 사랑하라고 강조했다. 따스하고 아늑한 품속 같은 가족의 사랑 문제를 읽다 보면 독자들께서도 가족을 사랑하는 방법을 저절로 깨닫게 될 것이다.

제3부 '**작은 관심이 큰 기쁨으로, 이웃 사랑**'에서는 자기 사랑에만 지나치게 치중하는 우리 시대의 행태를 비판하며 이웃을 사랑하는 마음이 얼마나 중요한지 강조했다. 봄보다 따듯한 마음으로 이웃을 사랑하는 사람들, 막연한 약속보다 지금의 행동이 중요한 까닭, 스승과 제자의 바람직한 관계, 택배 기사를 배려하는 마음, 밤을 지키는 등대 같은 사람들, 나쁜 말버릇 고치기, 사랑의 바운스, 인공지능에 대한 기대, 치매의 명칭 변경 같은 문제를 소환하며 이웃 사랑의 필요성을 부각시켰다. 작은 관심이 큰 기쁨으로 돌아오는 이웃 사랑의 가치를 책갈피 사이사이에서 발견할 수 있을 것이다.

제4부 '**살맛나는 세상 만들기, 사회적 사랑**'에서는 가족 사랑과 이웃 사랑을 넘어 생활 공동체와 지구촌 곳곳에 사랑을 베푸는 사회적 사랑의 가치를 설명했다. 광화문글판의 글맛, 메멘토 모리가 중요한 이유, 자신을 내주는 사랑의 개념, 시대를 위로하는 사랑의 메시지, 장애인을 배려하는 방

법, 노인 학대의 심각성, 반려견 헌혈의 윤리적 쟁점, 온 누리에 베푸는 사랑, 지구촌의 화해와 사랑 같은 주제를 발굴해 모두가 사회적 사랑에 동참하기를 권고했다. 책을 읽다 보면 살맛 나는 세상을 만들어가는 데 있어서 어째서 사회에 대한 포괄적인 사랑이 그토록 중요한지 공감하게 될 것이다.

　광고에서 사랑의 메시지를 찾아낸 순간은 마치 금광을 캐는 광부처럼 즐거웠다. 광고가 브랜드 메시지를 전하는 마케팅 수단이라는 본질적 기능을 넘어, 사회 문화에 영향을 미치는 광고의 공익적 기능을 확인하는 순간이었기 때문이다. 광고를 '사회를 나타내는 거울'이라고 하는데 사회문화적 측면에서 광고 메시지는 특정 사회와 문화를 대변하며 국가나 사회의 문화 창달에 기여하는 공익적 기능을 수행한다. 독일의 사회철학자 하버마스는 민주적 의사소통 모델인 공론장public sphere 개념을 제시했는데, 광고의 공익적 기능은 민주적 의사소통 과정이나 마찬가지다. 더욱이 광고에서 전하는 사랑의 메시지는 공공 소통 측면에서 중요한 기능일 수밖에 없다.

　출판 여건이 어려운데도 이 책에 주목해 준 (주)한울엠플러스에 감사드린다. 원고를 검토해 더 좋은 책으로 만들어주신 윤순현 부장님과 조인순 팀장님께 고맙다는 인사의 말씀을 전한다. 우리나라의 대중가요는 물론이거니와 외국의 노래에서도 사랑은 영원히 변치 않는 주제였다. 사랑 노래가 더 이상 나올 수 없을 때도 되었건만 신곡의 주제도 역시 사랑이다. 그렇다면 사랑이란 마르지 않는 샘물 같은 주제라고 할 수 있다. 사랑을 노래한 시나 소설은 물론 사랑을 주제로 쓴 에세이집도 많이 나왔지만, 광고가 전하는 사랑법을 알려주는 책은 지금까지 없었다. 그런 점에서 이 책은 참신한 기획이라 할 수 있다.

누구도 따라할 수 없는 사랑의 드라마를 써 내려간 김범주와 김수정 그리고 김참과 김보선에게 이 책을 바친다. 사랑의 불꽃이 희미해지고 있는 우리 시대에 이 책이 사랑을 지피는 불쏘시개가 되기를 바란다. 사랑하라, 서로 사랑하라, 더욱 사랑하라. 짧은 인생에 미워할 시간이 없다. 세상에서 소중한 금 세 가지는 황금, 소금, 지금이란 말도 있지만, 셋 중에서 가장 소중한 금은 지금이다. 지금은 우리가 사랑해야 할 시간이다.

2023년 8월
김병희

차례

제1부

뜨겁고도 아름다워라,
청춘의 사랑

제1부 '뜨겁고도 아름다워라, 청춘의 사랑'에서는 물불을 가리지 않고 열정적으로 사랑에 빠지는 청춘들의 뜨거운 사랑에 특별히 주목했다. 사랑 고백과 장미의 관계, 결혼 프러포즈를 공개적으로 하는 용기, 사랑의 범주를 수정해야 하는 이유, 참과 보선의 사랑에 필요한 항해 연료, 청년의 성과 사랑을 포용하는 시선, 사랑의 밀착과 밀착된 사랑, 결혼 생활에서의 충돌과 사랑, 자신에 대한 믿음과 사랑, 사랑을 받는 것보다 사랑하는 것의 행복 같은 문제를 짚어보며 청춘의 뜨거운 사랑에 따스한 시선을 던졌다. 뜨겁고도 아름다운 청춘의 사랑 문제를 따라가다 보면 독자들도 똑같이 젊어지고 있음을 점점 느끼게 될 것이다.

장미에 취해
사랑을 고백하자

   꽃만 보면 취하는 사람들이 있다. 만발하는 꽃에 취하기 좋은 계절이 5~6월이다. 꽃의 여왕이라는 장미에 취하면 마음을 가누지 못할 때도 있다. 술은 안 하고 밥만 먹자던 연인도 레스토랑 창밖에 핀 장미꽃을 넋 놓고 바라보다 보면 와인 한잔 생각이 간절해질 것이다. 처음에는 잔으로 주문하려 했다가 바로 마음을 바꿔 병으로 주문하는 커플도 있으리라. 이처럼 장미는 사람들의 마음을 들었다 놨다 한다. 장미는 광고의 소재로도 자주 쓰였다. 광고에서 장미는 보통 사랑의 상징으로 쓰이지만, 때로는 불행의 화신이자 유혹자로 묘사되기도 한다.

   네덜란드화훼협회의 옥외광고 '비상 꽃' 편(2014)에서는 장미가 사랑의 상징으로 쓰였다. 갑자기 꽃이 필요해진 순간에 장미 한 송이가 얼마나 도움이 되는지 참신한 아이디어로 체험 마케팅을 시도한 것이다. 네덜란드화훼협회는 2014년 2월 18일 프랑스 파리의 건물 외벽 곳곳에 특수 제작한 1500개의 '비상 꽃emergency flowers' 상자를 설치했다. 에펠탑 주변과 샹젤리제 거리에 인접한 건물 외벽에는 더 많은 꽃 상자가 부착됐다. 장미 한 송이가 꽂혀 있는 빨간 상자의 앞면은 셀로판 유리를 덧댔는데, 급하게 꽃이 필요한 사람이 쉽게 깨트려 장미를 꺼내갈 수 있게 했다.

옥외광고의 특성에 알맞게 카피는 짧고 강력하다. "첫눈에 반한다면 유리를 깨십시오In case of love at first sight. Break glass." 밸런타인데이에 어떤 사람을 처음 봤을 때 사랑의 감정을 느꼈다면 셀로판 유리를 깨고 장미꽃을 꺼내 가라는 메시지였다.* 일상생활의 접점에서 꽃 한 송이의 소중함을 깨닫게 하는 기발한 상상력이다. 달콤한 카피에 공감해서 유리를 깨고 장미꽃을 꺼내간 사람들이 상당히 많았을 것 같다.

소비자들은 어느 해보다 기억에 남는 밸런타인데이를 경험했고, 모두들 자신의 놀라운 경험을 소셜 미디어를 통해 널리 알렸다. 소비자들은 자신이 겪은 감동적인 순간을 소셜 미디어에 공유했고 지인들이 그 장면을 다시 퍼 나르자, 네덜란드화훼협회는 가만히 있어도 저절로 널리 알려지는 홍보 효과를 거두게 됐다. 소비자의 구전이나 자발적으로 확산해 주는 활동이야말로 광고 홍보에서 최상의 기대 효과인데, '비상 꽃' 아이디어는 꽃을 소비하라며 일방적으로 주장하는 어떤 캠페인보다 효과적이었다.

동부생명(옛 DB생명)의 잡지 광고 '릴케의 장미' 편(2001)에서는 장미가

• Nortycohen, "Flower Council Installs 'Emergency Flowers' in Paris for Vday Love Situations," February18, 2014. https://nortycohen.com/tracker/flower-council-installs-emergency-flowers-to-paris-for-vday-love-situations/

네덜란드화훼협회의 광고 '비상 꽃' 편(2014)

제1부 _ 뜨겁고도 아름다워라, 청춘의 사랑

불행의 화신이자 유혹자로 등장했다. 광고 모델은 기껏 장미 한 송이다. 광고에 장미 한 송이만 덜렁 놓여 있으니 빈약한 아이디어처럼 보인다. 장미와 생명보험이 무슨 상관이 있겠나 싶어 카피를 살펴보니, 그저 밋밋하기만 하던 장미 한 송이가 아래쪽의 카피와 만나 놀라운 설득 메시지로 활짝 피어난다. "릴케의 장미"라는 헤드라인과 이어지는 보디카피를 읽고 나면 그저 그런 장미 한 송이가 아니다.

불행은 너무나 가까운 곳에 있는지도 모른다. 독일의 대시인 라이너 마리아 릴케, 그를 죽음으로 몰아간 것은 어처구니없게도 그가 그토록 사랑했던 장미. 장미 가시에 찔려 죽은 그를 생각해 보면 불행은 우리 주위에 맴돌며 있는 것만 같다. 세상이 무섭다. 하지만… 내 마음의 평화 – 동부생명.

살아가는 동안 사람들은 사소한 문제로 인해 불행을 자초할 수 있다는 사실을 릴케의 장미 가시로 비유해 설명했다. 오스트리아에서 태어난 독일 시인 라이너 마리아 릴케Rainer Maria Rilke는 장미를 유난히 좋아했다. '꽃의 시인'으로 불렸던 그는 장미를 예찬한 시를 가장 많이 쓴 시인으로도 유명하다. 그는 사는 곳마다 정성스럽게 장미 정원을 가꿨다. 1925년 어느 날, 코카서스 출신의 어느 이집트 미인이 그를 만나러 시골의 작은 성으로 찾아왔다. 그녀에게 바치려고 장미를 꺾던 그는 손가락을 가시에 찔렸다. 그 일로 인해 파상풍이 악화돼 1926년에 세상을 뜨기 전에, 그는 자신의 묘비명墓碑銘을 이렇게 썼다.

동부생명의 광고 '릴케의 장미' 편(2001)
© 동부생명

장미여, 오, 순수한 모순이여

겹겹이 싸인 눈꺼풀들 속

익명의 잠이고 싶어라.

　그는 죽어서도 겹겹이 싸인 장미 꽃잎 속에서 잠들고 싶어 했던 것이
다. 광고에 예술가를 등장시킬 때 보통은 그 사람의 걸작을 보여주는 경
우가 대부분인데, 이 광고에서는 시인의 불행한 운명을 생명보험의 가치
와 연결하는 기지를 발휘했다. 광고 창작자들은 장미 줄기의 왼쪽 잎사귀
에 음흉한 눈초리로 노려보는 악마의 눈을 그려 넣는 것을 잊지 않았다.
이 광고에서 장미는 우리 주위를 맴도는 불행의 화신이자 유혹자로 묘사됐다. 사랑 속에 숨어 있는 불행의 징조를 장미 한 송이에서 포착해 생명 보험의 가치로 구체화시킨 광고 창작자들의 해석력이 놀랍다.

6월의 출생 꽃인 장미가 화들짝 놀라며 말을 걸고 있다. 미국에서는 해마다 6월 12일을 '빨간 장미의 날'로 지정하고 사랑의 상징을 특별히 기리는 기념행사를 전국 곳곳에서 열어왔다. 작가 이효석은 장미를 '호화스러운 잔칫상'이자 '자연의 커다란 사치'라고 비유했고, 작가 최인훈은 소설 『회색인灰色人』에서 장미꽃을 빼고 서양 문학을 말하는 것은 달을 빼고 이태백을 말하는 것이나 마찬가지라고 썼다.* 이해인 시인은 「장미를 생각하며」라는 시에서 "장미 앞에서 소리 내어 울면 나의 눈물에도 향기가 묻어날까"라는 구절을 통해 눈물의 향기를 훔쳤다.

가자, 뜨거운 마음으로 장미꽃을 보러 가자. 길이 막히면 어떠랴, 장미꽃 향기가 우리를 기다리고 있는데. 뜨겁게 달아오르다 한순간에 고개를 떨궈야 하는 우리네 삶처럼, 장미 정원에 가면 인생의 순간순간이 오롯이 피어 있다. 성질 급한 꽃은 벌써 지려는지 얼굴에 검버섯이 피었지만, 여전히 생생한 자태로 화려하게 웃으며 손짓하는 장미도 있다. 사람에 비유하자면 겁 없는 20대 같은 꽃들이다. 사람들이여, 사랑하는 사람과 장미 정원에 가서 장미꽃 향기에 취해 아무도 없는 곳으로 사라져 보자.

장미꽃에 취하다가 마음이 들뜨면 레드 와인이라도 한잔 하자. "진한 포도주에는 마지막 단맛이 스미게 하소서"라는 「가을날」의 한 구절을 쓸 때, 릴케는 연인끼리 더 맛있는 와인을 마시라며 후세 사람들을 위해 그렇

---

* 최인훈, 『회색인(최인훈 전집 2)』(서울: 문학과지성사, 2008).

게 썼을지도 모르니까. 빨간 장미의 꽃말은 욕망과 열정이라면, 빨간 장미 봉오리의 꽃말은 사랑의 고백이다. 가자, 장미꽃을 보러 가서 사랑을 고백하자.

결혼 프러포즈를
공개적으로

세상의 모든 연인은 결혼하자며 상대방에게 프러포즈를 한다. 남자가 먼저 하거나 여자가 먼저 하거나 한다. 그런데 언제 어떻게 하는 것이 좋을까? 만난 지 얼마 만에 하는 게 좋을까? 물론 정답은 없다. 한 가지 분명한 사실은 인생에서 가장 뜨거운 순간이라는 것. 소크라테스는 해도 후회하고 안 해도 후회하는 것이 결혼이라고 말했다지만, 우리는 『결혼의 행복』(1859)이란 소설을 썼던 톨스토이의 주장을 믿고 행복한 결혼 생활을 만들어가야 한다. 총 2부로 구성된 소설의 1부에서는 17세의 마샤가 한참 연상의 세르게이를 만나 서로의 마음을 확인하고 결혼하기까지의 과정을 그렸고, 2부에서는 결혼한 다음에 두 사람이 갈등을 겪지만 위기를 극복해 내는 과정을 생생하게 묘사했다.

결혼하자며 상대방에게 프러포즈하는 방법은 많겠지만 공개적으로 광고해서 프러포즈하는 사례도 있다. 서진영 씨의 광고 '나랑 결혼하자' 편

(2011)을 보자. 이 광고를 얼핏 보면 목걸이 광고로 생각할 수 있다. 상품명이나 브랜드 이름도 없이 여성이 목걸이 쪽으로 손을 올리고 있는 장면만 있기 때문이다. 본 광고를 시작하기 전에 목걸이에 대한 호기심을 유발하려고 일부러 브랜드 이름을 뺀 예비 광고로 인식할 수도 했다. 하지만 한 사람을 대상으로 하는 개인 광고가 분명하다.

개인이 부담하기에는 광고비가 꽤 많았을 텐데 서 씨는 신문광고로 프러포즈를 했다. 2011년 4월 29일 자 ≪한겨레≫ 4면에는 전체 지면의 3분의 1을 차지하는 5단 광고가 실렸다. 광고에 나타난 사진을 보면 한 여성이 빙그레 웃고 있다. "얼마나 너를 사랑하는지 영원히 가르쳐줄게♥/ 지혜야! 생일축하하고 나랑 결혼하자/ 2011년 7월 2일 am11" 사진 왼쪽에 카피를 이렇게 써서 영원히 사랑하겠다는 남자의 마음을 전했다. 이 광고는 당시 33세인 서진영 씨가 자신의 여자 친구인 문지혜(28) 씨에게 하는 프러포즈였다. 광고에 실린 서 씨의 마음은 문 씨는 물론 전국의 독자들에게 기쁨의 메시지로 다가갔을 것이다.

이 내용은 신문 기사로도 소개됐다. 박수진 기자의 "'나랑 결혼하자' 신문에 광고로 프러포즈한 남자"라는 기사를 참조해 당시의 일화를 재구성해 보자.* 서 씨는 스튜어디스인 여자 친구가 오후 10시 30분 탑승하는 뉴욕행 비행기에 이날치 신문 300부를 실어 보냈다. 서 씨는 문 씨가 이 광고를 혹시라도 못 볼 경우에 대비해서 여자 친구의 동료에게 문 씨 주변에 신문의 광고 지면을 펼쳐봐 달라고 따로 부탁했다고 한다. 광고에 명

•　박수진, "'나랑 결혼하자' 신문에 광고로 프러포즈한 남자", ≪한겨레≫, 2011년 4월 29일 자, 4면.

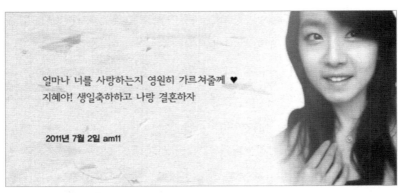

서진영의 광고 '나랑 결혼하자' 편(2011)
© 서진영

시된 7월 2일은 만난 지 1000일이 되는 날이라고 하니 결혼식 날짜까지 미리 제안한 셈이었다. 여자 친구에게 프러포즈하는 방법은 많겠지만, 서 씨는 평범한 방법을 피하고 싶어 광고로 프러포즈하는 방법을 택했을 터다.

드비어스De Beers 인도 지사의 포에버마크Forevermark 광고 '계절은 변해도' 편(2020)에서도 프러포즈의 가치를 전달했다. 지면을 분할해 한쪽에는 사진을 배치하고 다른 한쪽에는 카피를 넣었다. 미스 인디아 출신의 배우 슈레야 차우드하리Shreya Chaudhary가 광고 모델로 등장해 정면을 응시하지만 약지에 낀 다이아몬드 반지에 더 눈길이 간다. 오른쪽에는 이런 헤드라인을 썼다. "계절은 변해도 다이아몬드는 영원히." 헤드라인 아래쪽에는 헌정 컬렉션 다이아몬드를 소개하는 카피를 썼다. 이 카피는 기존의 매체와 디지털 매체를 포함하는 360도 캠페인에 활용됐다. TV와 라디오, 신문, OTT 비디오 플랫폼, 소셜 미디어, 검색 플랫폼, 그리고 인도 전역의

드비어스 포에버마크의 광고 '계절은 변해도' 편(2020)
© De Beers

옥외 미디어에도 광고가 노출됐다.*

세계적인 다이아몬드 기업인 드비어스는 지난 2008년에 프리미엄 브랜드인 '포에버마크'를 선보였다. 엄격히 선별해서 만드는 다이아몬드로 정평이 나 있지만, 더 중요한 것은 우리말로 '영원의 표시'로 번역할 수 있는 브랜드 이름이다. 사실 브랜드 이름은 광고 캠페인이 성공했기 때문에

---

* *Economic Times*, "Forevermark's New Campaign Celebrates Women's Timelessness and Individuality," October 15, 2020. https://brandequity.economictimes.indiatimes.com/news/marketing/forevermarks-new-campaign-celebrates-womens-timelessness-and-individuality/78675367

붙여진 것이다. 드비어스의 '다이아몬드는 영원히' 캠페인은 1947년에 시작됐는데, 다이아몬드를 영원한 사랑에 비유하며 세계인의 약혼과 결혼 풍속을 바꿔놓았다. 신출내기 카피라이터 프랜시스 제러티Frances Gerety는 1947년에 드비어스 다이아몬드 광고를 맡고 나서 고민에 빠졌다.

그녀는 1988년의 인터뷰에서 당시를 이렇게 회고했다. 약혼할 때 다이아몬드 반지를 주고받던 전통이 극소수의 상류층에는 있었지만 보편화되지는 않았기에 정말 곤혹스러웠다는 것. 몇날 며칠을 고민하다가 다이아몬드를 단순한 보석이 아닌 영원한 사랑의 상징물로 사람들의 마음속에 자리 잡게 해야겠다고 결심했다는 것. 그리하여 광고제작 회의 때 "다이아몬드는 영원히A Diamond is Forever"라고 쓴 초벌 카피를 보여주자 아무도 호응해 주지 않았다는 것. 우여곡절 끝에 겨우 카피를 살려 광고를 만들었다고 회고했다.*

이 슬로건 때문에 미국인의 90% 이상이 드비어스를 알게 됐고, 일반인들 사이에서도 약혼과 결혼 예물의 필수품으로 자리 잡았다. 1950년에는 1947년에 비해 판매고가 50.4%나 증가했다. 제러티는 25년 동안이나 드비어스 카피를 쓰며, 많은 커플에게 영원한 사랑의 징표를 안겨주었다. 그녀가 83세로 사망하기 2주 전에 발행된 광고 전문지 ≪광고 시대 Advertising Age≫의 1999년 특집호에서는 "다이아몬드는 영원히"를 20세기

• J. Courtney Sullivan, "How Diamonds Became Forever," *New York Times*, May 3, 2013. http://www.nytimes.com/2013/05/05/fashion/weddings/how-americans-learned-to-love-diamonds.html

를 대표하는 슬로건의 하나로 선정했다. 이 슬로건은 지금까지도 소멸되지 않고 다이아몬드처럼 계속 빛나고 있으며, 급기야 2008년에는 '포에버 마크'라는 브랜드 이름까지 얻게 됐다.

결혼하자며 프러포즈하는 예랑('예비 신랑'을 뜻하는 젊은이들의 용어)이 '예신'에게 주는 가장 로맨틱한 선물은 다이아몬드 반지다. 영원히 사랑하겠다는 마음을 반지에 담아 전할 수 있기 때문이다. 만난 지 얼마 만에 프러포즈하는 게 가장 좋을까? 결혼하자며 프러포즈를 할 때 만나온 기간은 그다지 중요하지 않다. 세 번째 만남에서 프러포즈해서 평생을 행복하게 사는 부부가 있는가 하면, 8년 동안이나 연애한 끝에 결혼에 골인했지만 채 1년도 살지 못하고 이혼하는 경우도 있으니까.

나의 가까운 지인은 서로 얼굴 보고 만난 지 17일 만에 결혼식 날짜까지 잡았다. 두 사람의 용기 있는 결정에 아낌없는 박수를 보냈다. 아주 먼 거리에 살고 있던 두 사람은 직접 만나기 전에 몇 달 동안 영상 통화로 이런저런 대화를 나눴다고 한다. 그 후 직접 대면하고 나서 사랑에 불이 붙기 시작했다. 사랑 놀음이 로켓 속도로 진행됐다는 정황이 엿보이는데도 불안한 생각이 전혀 들지 않았다. 오히려 17일 만에 결혼 결정까지 해버리는 그들의 뜨거운 사랑과 결단력이 부러웠다. 기성세대의 의사 결정 패턴에서 보면 결혼을 너무 성급히 결정했다며 걱정할 수도 있겠다. 그렇지만 이것저것 따지다가 아무것도 결정하지 못하는 어른들보다 더 어른스러운 결정일 수도 있지 않을까? 이제, 그들 앞에는 다이아몬드처럼 영원히 사랑을 키워가는 일만 남았다.

범주의 수정과
수정의 범주

결혼하자며 고백하던 순간이나 결혼식 주례 선생님 앞에서 다짐하던 순간의 마음만 계속 유지된다면 세상에서 이혼하는 커플은 없으리라. 이별을 전제하며 결혼하는 사람은 없을 테니까. 결혼이란 망망대해를 항해하는 배와 같다. 언제 어디에서 풍랑이 몰아칠지 알 수 없기 때문이다. 그래서 배의 돛대인 범주帆柱가 바람을 잔뜩 받아도 버텨낼 수 있을 만큼 강인해야 한다. 어디 그뿐이랴? 범주가 흔들리는 순간마다 제대로 바로잡아주는 항로의 수정修正은 더욱더 중요할 수밖에 없다.

패션 명품 브랜드로 널리 알려진 티파니Tiffany & Co 광고에서는 결혼의 기쁨을 실감 나게 표현하면서도 그 이면을 자세히 들여다보면 결혼의 항로航路에 대해 이야기하고 있다. 광고회사 오길비Ogilvy에서 제작한 '응?' 캠페인(2015)은 웨딩 슈즈로 유명한 지미츄Jimmy Choo 브랜드 이상의 가치를 흥미롭게 표현했다. 영어의 "윌 유Will you?"를 "넌 어때?"로 번역한다면 너무 단조로운 느낌이 든다. "같은 생각이지?"라고 번역하면 애써 강요하는 것 같아 원뜻에서 멀어진다. 그래서 슬쩍 찔러보는 "응?" 정도로 번역하는 것이 적절하지 않을까 싶다.

티파니의 광고 '은은한 미소' 편을 보면 와인을 마시던 남녀가 뭐가 그리 웃긴지 배시시 웃고 있다. 하지만 서로가 상대방의 눈을 마주보지는 않는다. 은은하게 미소만 지을 뿐 박장대소하며 웃지는 않는다. 사진 오른쪽에는 이런 카피를 배치했다. "당신의 은은한 미소half-smile를 본 순간 당신이 나를 가져버렸다는 거 알아? 그 미소는 단 하루가 아닌 내 인생을 만들겠지. 당신의 반쪽 미소를 함박웃음full ones으로 바꾸는 데 남은 인생을 바칠 거지? 응?" 카피와 비주얼의 절묘한 결합을 통해 마지막에 활짝 웃자는 인생 항로의 목표를 제시했다.

이어지는 광고인 '깔깔대는 이유' 편에서는 건물 옥상에서 남녀가 활짝 웃으며 세상에서 가장 행복한 장면을 보여준다. 와인 잔이 놓인 테이블 뒤쪽에는 꽃을 든 남자가 서 있는데, 프러포즈하려고 마음먹는 순간이거나 방금 결혼식을 마치고 축하 파티를 하고 있는 것 같다. 낭만적인 사진의 오른쪽에는 이런 카피가 붙어 있다. "같이 있을 때 내가 깔깔대는 이유가 당신이 엄청 웃겨서만은 아니라는 거 알지? 내 기쁨을 미소에는 다 담아낼 수 없어서야. 영원토록 나와 함께 출발할 거지? 응?" 배가 항구를 떠날 때처럼 늘 함께 출발하자는 뜨거운 언약과 같다.

세 번째 광고인 '둘만의 파티' 편을 보면 거실 소파에 자유롭게 눕고 기댄 채 웃고 있는 남녀의 모습이 돋보인다. 누구의 방해도 받지 않는

티파니의 광고 '은은한 미소' 편(2015)
© Tiffany & Co

티파니의 광고 '깔깔대는 이유' 편(2015)
© Tiffany & Co

지금은 우리가 사랑해야 할 시간

둘만의 공간에서 오로지 둘만의 시간을 보내고 있다. 사진에 착착 달라 붙는 카피는 이렇다. "아무도 초대하지 않더라도 버번위스키를 같이 마시고 함께 멋진 파티를 하는 남자가 되어줄 거지? 우리가 누구도 초대하지 않았을 때는 특히 더? 응?" 사람들로 북적거리는 그 어떤 파티에서보다 행복감을 느낄 수 있는 둘만의 시간 여행을 하자는 뜻이다. 사랑하는 둘이서만 누릴 수 있는 최고의 순간을 실감 나게 표현했다.

마지막 광고인 '날마다 비가 내려도' 편에서는 비가 내리고 있는데 남자의 윗도리를 뒤집어쓰고 둘이서 함께 거리를 걷고 있다. 뒤쪽에 보이는 다른 사람들은 우산을 쓰고 있고, 두 사람만 우산이 없는데도 그저 행복하기만 하다. 사진 오른쪽에는 이런 카피가 붙어 있다. "모든 사람에게 좋은 날이 당신에게는 나쁜 날이 될지라도 당신은 재미있고, 남은 내 인생에서 날마다 비가 내린다 해도 당신과 함께라면 상관없다는 거 알지? 응?" 날마다 좋지 않은 일이 일어날지라도 사랑하는 이와 함께 있다면 아무런 문제가 될 수 없다는 최고의 사랑 고백이다.

여러 커플이 등장하는 캠페인에서는 "응?"이란 헤드라인을 공통적으로 썼다. 남자와 여자 혹은 여자와 남자가 서로 사랑의 감정을 느끼고 프러포즈를 한 다음에 결혼에 이르는 과정을 현대적인 관점에서 해석한 광고들이다. 결혼이란 결코 꽃길만은 아니라는 사실을 환기하며, 어쩌면 결혼이란 거친 바닷길을 헤쳐 나가는 여정에 가깝다는 사실을 우회적으로 표현했다. 광고에서는 아무리 궂은 날씨에도 아랑곳하지 않고 사랑의 힘을 키워나가는 것이 진정한 사랑이라고 강조했다.

두루 알다시피 세계적인 명품 주얼리 브랜드인 티파니는 1837년 뉴

티파니의 광고 '둘만의 파티' 편(2015)
© Tiffany & Co

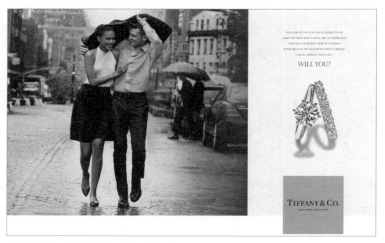

티파니의 광고 '날마다 비가 내려도' 편(2015)
© Tiffany & Co

지금은 우리가 사랑해야 할 시간

욕에서 탄생했다. 벌써 190여 년에 이른 브랜드의 역사가 놀라울 뿐이다. 패션, 파인 주얼리, 하이 주얼리, 웨딩 주얼리, 시계를 비롯해 다이아몬드의 권위자, 세계 최초의 웨딩 링 티파니 세팅, 아이코닉iconiq한 블루 박스로 유명한 티파니다. 사랑받는 주얼리 브랜드의 대명사로 자리 잡은 티파니는 전 세계 28개국에 300개 이상의 매장을 열었고, 우리나라에서도 1996년에 제1호점을 오픈한 이후 현재까지 성장을 거듭해왔다.

저명한 패션 사진작가 피터 린드버그Peter Lindbergh는 뉴욕의 낭만적인 도시 풍경을 배경 삼아 사랑하는 커플들의 일상을 카메라에 담았다. 그의 사진 때문에 더 빛나는 광고가 만들어졌다. 모든 광고에서는 커플끼리 친밀한 관계를 경험하는 순간을 포착해 결혼의 의미를 일관된 주제로 표현했다.● 광고의 목적은 티파니 반지를 구매하라는 데에 있었다. 그렇지만 직접 말하지 않고 결혼에 대한 철학 이야기로 판매 메시지를 대신했다. 광고 메시지가 좋았으니 커플끼리 결혼반지를 맞추기 위해 어쨌든 티파니 매장을 자주 찾았으리라.

누구는 서로 얼굴 보고 만난 지 17일 만에 결혼식 날짜까지 잡는가 하면, 누구는 10년을 사귀고도 결혼에 골인하지 못한다. 8년 동안 연애하고 결혼했지만 함께 가정을 꾸린 지 여덟 달 만에 헤어지는 커플도

● WPGM Staff, "Tiffany & Co. Unveils 'Will You?' Spring 2015 Campaign," *Conversations About Her*, January 1, 2015. https://conversationsabouther.net/tiffany-co-unveils-will-you-spring-2015-campaign-fashion-news/?msclkid=7101254db4de11ec9e980ac9ade0fea7

있다. 그러니 17일간의 사랑이 8년 동안의 연애보다 가볍다고 아무도 말할 수는 없다. 어김없이 다가오는 날들을 어떻게 쓰느냐가 중요한데, 17일이면 인류의 역사를 바꿀 수도 있는 시간이다. 얼마 동안 만났는지는 중요하지 않다. 짧은 기간의 만남일지라도 냉정과 열정 사이에서 얼마나 구체적으로 만났는지가 중요할 뿐이다. 결혼의 모든 것이 케이스 바이 케이스니, 결혼에 정답이 없다는 뜻이다.

오로지 오답을 줄이는 결혼 생활만 있을 뿐이다. 경제적 능력도 없으면서 남들 하는 대로 따라하며 살다가는 언젠가 큰 낭패를 볼 것이다. 결혼 초기에는 검소하게 사는 것이 더 바람직하다. 지난날에 당연시하던 생활의 범주를 과감히 수정하면서 서로가 살아온 차이를 줄이며 해결 방안을 모색해야 한다. 이때 수정의 범주를 현명하게 판단하는 지혜는 더더욱 중요할 수밖에 없다. 그렇게 하면 수정처럼 빛나는 결혼 생활이 펼쳐지리라. 망망대해를 향해 이제 막 출발하는 신혼부부가 어른들의 이런 권고에 공감해 준다면, 결혼 생활에서 부딪치는 오답을 계속 줄여나갈 수 있다는 거 알지? 웅?

참-사랑은
보선의 항해 연료

아무리 추운 겨울 날씨라 하더라도 결혼하는 선남선녀들의 사랑의 열기 때문에, 주말의 온도만큼은 적어도 1도쯤 올라갈 것 같다. 여름에 이루어진 사랑이 바위에 부서지는 파도처럼 마음이 강한 아빠 같은 사랑이라면, 겨울에 이루어진 사랑은 거리에 흩날리는 흰 눈처럼 마음이 따뜻한 엄마 같은 사랑이다. 아니면 겨울에 이루어진 사랑을 아이스크림에 비유할 수 있겠다. 아이스크림이란 차가운 게 아니라 사랑처럼 따뜻한 것이니까.

반클리프 아펠Van Cleef & Arpels의 광고 '알함브라의 겨울' 편(2018)에서도 마음이 따뜻한 사랑을 이야기했다. 반클리프 아펠은 보석 세공사의 아들인 알프레드 반클리프와 보석상의 딸인 에스텔 아펠이 결혼한 다음, 두 집안의 성을 따서 1896년에 탄생시킨 프랑스의 보석 브랜드이다. 모나코의 왕 레니에 3세Rainier III가 그레이스 켈리Grace Kelly와 결혼한 1956년에 이 보석을 예물로 주문한 이후, 모나코 왕실의 공식 보석 브랜드로 인정받아

더 유명해졌다.*

광고가 시작되면 차분한 음악이 흐르는 가운데 이런 자막이 뜬다. "1968년 이래 행운을 가져온 알함브라 궁전Alhambra, celebrating luck since 1968." 자막에 등장한 1968이란 숫자는 반클리프 아펠의 '알함브라 컬렉션'이 출시된 1968년을 뜻한다. 숲에는 온통 눈이 쌓여 있고 강은 꽁꽁 얼어붙었다. 겨울 풍경이 고즈넉하게 지나가는 가운데 동물들이 등장한다. 나비 한 마리가 하늘하늘 날아올라 네잎 클로버 모양으로 날갯짓을 하며 날아간다. 클로버 색깔을 보여주려고 노랑나비가 아닌 녹색의 나비를 만들었다.

네잎 클로버처럼 날아가는 나비의 날갯짓은 반클리프 아펠의 보석 중에서도 특히 명품으로 알려진 '알함브라 컬렉션'을 상징한다. 이 보석의 네잎 클로버 디자인은 행운과 사랑의 상징인 알함브라 궁전에서 영감을 얻어 개발했다고 한다. 반클리프 아펠의 알함브라 컬렉션은 매직, 럭키, 빈티지, 비잔틴, 알함브라(오리지널), 스위트 라인으로 구성된다.

광고에서는 한겨울에 동물들이 숲속을 떠도는 영상이 차분하게 흘러간다. 부엉이가 지켜보는 가운데 덩치 큰 순록이 지나간다. 솟아오른 뿔에는 반클리프 아펠의 '빈티지 알함브라 펜던트 화이트 골드' 목걸이가 주렁주렁 걸려 있다. 녹색의 나비가 날아오르자 꽁꽁 얼어붙은 강에 쌓인 눈 속에서 거북이가 기어 나온다. 기어가는 거북이의 뒤쪽에 '빈티지 알함브라 블루 세브르 포슬린 펜던트'가 자연스럽게 배치된다. 네잎 클로버 패턴

• Wikipedia, "Van Cleef & Arpels"(2023), https://en.wikipedia.org/wiki/Van_Cleef_%26_Arpels?msclkid=d53676c0b48611ec828fee38b8547da1

이 매혹적인 금빛 목걸이 세트다. 얼음 위를 한참 동안 기어가던 거북이가 한곳에 자리를 잡고 빙빙 돌자, 알함브라 컬렉션의 상징인 네잎 클로버 모양이 그려진다.

일상에서 보석을 착용하는 새로운 스타일을 제시하는 것으로 유명한 알함브라의 긴 목걸이는 통나무에도 걸려 있다. 나뭇가지에 앉아 있던 참새도 '빈티지 알함브라 브레이슬릿 옐로우 골드' 목걸이를 신기하다는 듯 쳐다보고 있다. 하얀 눈으로 뒤덮인 언덕에는 알함브라 빈티지 손목시계와 알함브라 반지가 화사한 자태를 뽐내고 있다. 테두리를 알함브라 문양으로 감싸고 오닉스 대신 다이아몬드를 박아 넣은 명품 반지다. 그 위로 나비가 하늘하늘 날아오르니 요정이 살고 있는 동화의 세계에 온 듯하다. 곧이어 하얀 눈 속에서 클로버 새싹이 솟아나더니 순식간에 네잎 클로버가 화면을 가득 채워버린다. 마지막에 반클리프 아펠의 로고와 함께 "하이 주얼리, 1906년 이후 방돔광장Haute Joaillerie, place Vendôme since 1906"이란 슬로건이 나오며, 광고가 끝난다.

이 광고는 알함브라 컬렉션을 선보이기 위한 3D 애니메이션 영상이다. 버큐Burcu와 제프리Geoffrey라는 두 감독은 모션 그래픽 기법을 적극적으로 활용해 시적이고 몽환적인 영상 세계를 완성했다. 눈 덮인 겨울 풍경 속으로 사람들을 초대하며, 장면마다 알함브라 컬렉션을 절묘하게 배치하는 솜씨를 발휘했다. 알함브라 컬렉션을 360도의 모든 방향에서 감상할 수 있을 것 같다. 동화적인 연출 기법으로 표현한 영상의 색감도 환상적이다.

광고에서는 보석을 먼저 부각시키지 않았다. 나비, 순록, 거북이, 참새

반클리프 아펠의 광고 '알함브라의 겨울' 편(2018)
© Van Cleef & Arpels

지금은 우리가 사랑해야 할 시간

를 따라가다 보면 보석이 저절로 눈에 띄는 형식이었다. 나비는 알함브라의 겨울 컬렉션을 소개하는 인상적인 매개체로 활용됐다. 등장하는 동물의 특성에 알맞게 장면의 전환도 자연스럽게 이루어졌다. 광고에서 묘사된 자연의 소재는 평화롭고 따뜻한 사랑을 느끼게 한다. 잔잔한 분위기의 음악만 흐르고 어떠한 내레이션도 없지만 한겨울에도 따뜻한 사랑의 메시지를 전하고 있는 광고다.

다들 알다시피 알함브라 궁전은 이베리아 반도에 정착했던 무어인들이 스페인의 그라나다 지방에 지은 궁전이다. 이 궁전은 규모가 크지는 않지만 극도로 세련된 아름다움으로 정평이 나 있다. 건축 양식의 측면에서도 그 가치를 높이 평가받는다. 작곡가이자 기타 연주자인 프란치스코 타레가Francisco Tárrega(1852~1909)는 이 궁전을 둘러보고 나서 「알함브라 궁전의 추억Recuerdos de la Alhambra」이란 명곡을 남겼다.*

결혼하는 선남선녀들은 어떤 식으로든 예물을 교환한다. 예물은 그 자체를 넘어 사랑의 언약을 나타내는 상징물이다. 신랑 신부들이여! 들꽃을 꺾어 만든 반지로 예물을 주고받든 명품 보석을 손가락에 끼워주며 사랑을 약속하든, 예물 교환의 그 순간을 절대로 잊지 말아야 한다. 뜨겁고 순수하던 참-사랑의 그 순간을 영원토록 간직해야 한다.

중국 명나라 시대의 정화鄭和(1371~1434)는 대규모의 선단을 꾸려 지금의 태평양 지역을 일곱 차례나 항해하며 해상 실크로드를 개척했다. 콜럼

---

* Wikipedia, "Recuerdos de la Alhambra"(2023). https://en.wikipedia.org/wiki/Recuerdos_de_la_Alhambra?msclkid=747cea24b48611eca3ad17f9146bca79

버스Christopher Columbus보다 1세기나 빨리 대항해 시대를 개척한 정화의 함대 이름이 서양취보선西洋取寶船(서양에서 보물을 가져오는 배)이었다.[*] 보통은 '보선'이란 약칭으로 통용됐다. 보선이란 배 이름처럼, 결혼은 배에 인생의 보물을 싣고 두 사람이 함께 떠나는 평생의 항해와 같다.

반클리프 아펠의 별명은 서사시敍事詩다. 보석마다 흥미롭고 긴 이야기가 담겨 있어 그런 별칭을 얻었다. 짧은 서정시가 아닌 긴 서사시의 첫 줄을 쓰는 순간이 결혼식이라면, 결혼이란 사랑의 서사시를 평생토록 함께 써가는 과정이다. 결혼식을 준비하는 데만 몰두하지 말고, 결혼을 준비하는 데 더 오래 궁리해야 하는 이유도 그 때문이다. 그렇기에, 안다미로 넘치는 '참'사랑만이 '보선'의 장거리 항해를 이끄는 평생의 연료가 될 것이다. 오랜 세월이 흘러 언젠가 사랑의 서사시가 끝나는 그날까지.

•   주경철, "해양제국 꿈꾼 중국의 위대한 30년: 주경철 교수의 문명과 바다 3 정화의 원정(1405-1433)," ≪한겨레≫, 2007년 10월 12일 자.

청년의 성과 사랑을
존중하자

사람에 따라 다르겠지만 청소년기에서 군복무 시절까지가 남자의 성욕이 가장 왕성한 시기일 수 있다. 콘돔이 그만큼 더 절실하게 필요한 때일 수 있는데, 콘돔을 사려고 하면 왠지 눈치를 보는 경우도 있을 것이다. 질병관리청의 「인간면역결핍바이러스HIV 검사 및 신고 변화에 관한 보고서」에 따르면, 2017년부터 2020년까지 HIV 신고 가운데 20대 비중은 33% 안팎으로 나타났다. 한국가족보건협회에서 2020년에 발표한 청소년 에이즈AIDS의 실태 조사에서는 10~20대에서 HIV와 AIDS 감염이 급증하는 사실을 알고 있느냐는 질문에 응답자의 79.4%가 '몰랐다'고 응답했다.• 청소년의 인간면역결핍바이러스와 에이즈 감염 신고자 수가 갈수록

• 이재혁, "코로나 여파에 보건소 HIV 검사·신고 반토막, 감염관리 빨간불", ≪메디컬투데이≫, 2022년 3월 28일 자.

증가하는데도 성경험이 있는 청소년 응답자의 26.5%만이 '항상 피임을 한다'고 응답했다. 놀라운 조사 결과였다.

왜 콘돔을 쓰지 않느냐며 반문할 수 있겠지만 우리 사회는 청소년의 콘돔 구매에 너그럽지 않았다. 청소년들은 사회의 부정적 인식으로 인해 성병 예방을 위한 콘돔 사용을 머뭇거리는 경우가 많았다. 이런 사정에 주목한 질병관리본부는 콘돔 브랜드 바른생각과 광고회사 아이디엇과 함께 눈치 보지 않고 청소년들이 콘돔을 살 수 있도록 공동 캠페인을 기획했다. 커피 믹스 봉지나 라면 스프 봉지에 콘돔을 넣어 판매한다면 청소년들이 여기저기 두리번거리지 않고 콘돔을 살 수 있지 않을까? 질병관리본부의 캠페인 '시크릿 콘돔secret condom' 편(2019)은 이런 질문에서 시작됐다. 콘돔은 맞지만 콘돔처럼 보이지 않는 비밀 콘돔을 만들자는 것. 질병관리본부는 협력사와 함께 토마토케첩, 허니머스터드, 핫소스 형태인 '소스 3종 세트' 콘돔을 비롯해 커피믹스, 핫초코, 아이스티로 구성된 '탕비 3종 세트' 콘돔을 제작했다. 이 밖에도 녹차나 라면스프 봉지에 담긴 콘돔 등 여러 가지 콘돔 시리즈를 선보였다.

광고가 시작되면 이영은 아나운서가 등장해 마치 뉴스를 전달하듯 담담한 어조로 콘돔에 대해 설명한다. "토마토케첩, 머스터드, 핫소스. 갑자기 웬 소스냐고요? 소스가 아니라 콘돔입니다. 실제 판매 중인 소스라고 해도 믿을 법한 이 자연스러움. 커피믹스나 핫초코 같은 모양도 있고 녹차나 라면스프처럼 디자인된 콘돔도 있대요. 시중 편의점에서 진짜 살 수 있고요. 그런데 콘돔에 왜 이런 디자인을 했냐? 청소년의 성관계 관련 통계를 보면 성관계를 경험한 청소년의 피임 실천율이 절반 정도밖에 되지

갑자기 웬 소스냐고요?

실제 판매 중인 소스라고 해도
믿을법한 자연스러움…!

청소년들이
콘돔을 살 때나 갖고 다닐 때

엣헴

부정적인 시선을
받지 않도록 만든 건데요

커피믹스나 핫초코 같은
모양도 있고

녹차나 라면스프처럼
디자인된 콘돔도 있대요~

시중 편의점에서
진짜 살 수 있고요

52.0% 51.8%
청소년 성관계 경험자의
피임 실천율
(중학교1학년~고등학교3학년 대상)
출처: 2016년 청소년건강행태온라인조사
교육부,보건복지부,질병관리본부

피임도구(콘돔등)를
준비하지 못해서
48.2%
피임 하지 않거나 못한 이유
(복수응답, 19세 이하)
출처: 2018년 인공임신중절 실태조사, 한국보건사회연구원
만 15~44세 여성 1만 명 온라인 조사
(조사기간 2018. 9~10)

그래서! 나온 해결책 중 하나가
바로 이 '시크릿 콘돔'으로

부정적 인식을 깨기 위한
이런 노력!

여러분은 어떻게 보시나요?

질병관리본부의 캠페인 '시크릿 콘돔' 편(2019)

않았어요. 그 이유로 '피임 도구를 준비하지 못해서'라는 응답이 가장 높았어요. 그래서 나온 해결책의 하나가 바로 이 시크릿 콘돔이죠. 청소년들이 콘돔을 살 때나 갖고 다닐 때 부정적인 시선을 받지 않도록 만든 건데요. 피임 실천율을 높이기 위한 노력, 여러분은 어떻게 보시나요?"

질병관리본부는 시크릿 콘돔을 학교 근처의 편의점에 전시하며 판촉활동을 다양하게 전개했다. 청소년들이 콘돔을 사거나 소지할 때 따가운 시선을 의식하지 않도록 위로해 주는 이 캠페인에 대한 설문 조사를 실시한 결과, 부끄러움과 거부감 같은 부정적인 인식이 해소되었다는 답변이 74%를 차지했다. 이런 반응을 바탕으로 시크릿 콘돔은 여러 곳에서 교육용 자료로 활용되며 부정적인 인식을 개선하는 캠페인을 이어가고 있다.

사실 콘돔의 역사는 오래됐다. 최초의 콘돔은 영국 왕 찰스 2세Charles II의 방탕함을 걱정하던 주치의가 혈통의 남용을 막기 위해 어린 양의 맹장으로 만들었다고 한다. 양의 창자로 만들었던 콘돔은 리넨을 거쳐 라텍스 소재로 진화했다. 최근에는 미국의 로스앤젤레스 카운티에서 에이즈 예방운동 차원에서 콘돔 디자인을 공모했는데, 까만 나비넥타이 그림에 "품위 있게 착용하자"는 카피를 쓴 작품이 최고상을 받았다. 가장 좋은 피임법은 하지 않는 것이지만, 부득이 콘돔을 써야 한다면 좀 더 품위 있게 착용하라는 뜻이 담겨 있다.

엄혹했던 일제강점기에도 사람들은 콘돔을 썼다. 정자당丁子堂의 콘돔광고 '삿구' 편(1926)을 보면, "남녀 방독防毒 고무"라는 설명에 이어 '삿구'가 헤드라인으로 쓰였다. '삭구'로 쓰이다 일제강점기에 삿구로 굳어진 이말은 요즘의 콘돔이다. "본방本邦(우리나라) 유일唯一의 정량품精良品(정품)"이라는 설명을 덧붙였다. 기능에 대해 자세히 설명하지 않고 상제上製(최고급품)부터 여자용까지 열 가지 종류별로 값을 깨알같이 설명했다. 마지막에 가서야 "비밀히 개인 명의로 밀송密送(비밀 배송)함 타품他品과 비교걸比較乞(비교 바람)"이라는 보디카피 두 줄을 덧붙였다. 콘돔을 독을 방지하는 고무라고 설명하고 있어 흥미롭다.* 그 시절의 신문에 하루가 멀다 하고 매독과 임질 치료제 광고가 등장했으며 콘돔을 방독 고무로 설명했다는 사실에서, 당시에는 콘돔이 피임의 수단이 아닌 성병 예방 도구로 쓰였음을 알 수 있다. 마무리 카피에서 보듯이, 누가 알까 봐 비밀리에 개인 앞으로 배송했다는 점도 요즘과는 사뭇 다른 풍경이다.

가장 좋은 피임법은 성관계를 하지 않는 것이다. 하지만 성욕이 왕성한 청소년 무렵이나 군복무 시절에 성욕을 억제하기란 생각보다 쉽지 않다. 질병관리본부의 시크릿 콘돔 광고에서는 눈치 보지 말고 콘돔을 사라고 한다. 그동안 기성세대들은 청소년의 성 문제에 대해 지나치게 보수적인 잣대를 들이댔다. 자신들 역시 뜨겁고도 뜨거웠던 젊은 날을 지나쳐 왔으면서도 말이다. 어른들 스스로가 자신의 보수적인 태도부터 변화시켜야 한다.

만약 어르신들이 토마토케첩, 머스터드, 핫소스 봉지만 대충 보고 집에 와서 뜯었을 때 그 안에서 콘돔이 나온다고 해서 소스라치게 놀라시면 안 된다. 분명 이 광고는 청소년을 대상으로 하고 있지만, 다른 한편으로는 그동안 청소년의 성 문제에 엄격한 잣대를 들이댔던 어른들에게 돌이켜

• 　김병희, 「콘돔 착용」, 『광고로 보는 근대문화사』(서울: 살림출판사, 2014), 99~101쪽.

정자당의 광고 '삿구' 편(1926.2.26.)
© ≪동아일보≫

생각해 보라는 각성의 메시지이기도 하다. 이제, 청소년의 성과 사랑의
문제에 대해 더 너그러워지고 그들의 심리적 불편감을 해소하는 데 동참
하는 일도 기성세대가 해야 할 몫의 하나다. 젊음은 때로 주체하질 못할
정도로 뜨겁지만 아름다운 청춘이니까.

다른 둘이
하나 되는 순간에

    연애 문제로 고민 상담을 해오는 친구에게 말을 듣고 있던 친구가 호기심 어린 표정을 지으며 이렇게 묻는 경우가 있다. "어디까지 갔어? 갈 데까지 갔어?" 젊은 청춘끼리 나누는 대화의 한 장면이다. 이미 눈치챘겠지만 질문의 요지는 가벼운 스킨십에 머무르고 있는지, 아니면 진도를 더 빼서 성관계를 하는 데까지 이르렀느냐는 뜻이다. 여기에서 '간다'는 동사는 여러 가지 뜻을 함축하기 마련인데, 여행이 될 수도 있고 다른 그 무엇이 될 수도 있다.

    콘돔 브랜드인 바른생각 광고 '우리 몸의 대자연' 편(2020)에서는 '간다'라는 동사를 센스 있게 풀어냈다. 광고가 시작되면 탑승권이 보이고 비행기가 출발하면 "두 사람, 어디까지 가봤니?"라는 자막이 뜬다. 다음 컷에서 '우리 몸의 대자연'이라는 자막과 함께 잠자리가 서로 교미하는 장면과 미국 메머드 케이브의 숲이 등장하며 내레이션이 흐른다. "여행을 갑시다. 비행기 대신 서로를 타고, 우리 몸의 대자연으로." 이어서 터키 카파도키아의 '요정의 굴뚝'이 보이는데 기암괴석이 마치 성기처럼 생겼다.

검은 화석 틈에서 액체가 흐르는 가운데 내레이션이 계속된다. "인간의 감각으로 가능한 그대로의 형태와, 온도를 느껴봅시다." 하와이 노스 쇼어에서 해일이 몰아치며 노을이 지는 가운데 "대자연에 가까워지는 방법은, 말 그대로, 가장 가까워지는 것. 대자연으로의 얇은 직항"이라는 내레이션이 흐른다. 그 순간 익스트림 에어핏Extreme Air Fit이라는 자막과 함께 콘돔 봉지가 찢기며 광고가 끝난다. 마지막 순간에 이르러서야 여행 광고가 아닌 콘돔 광고였음을 눈치챌 수 있다.

'볼리비아 우유니 소금사막' 편(2020)에서도 앞서의 광고와 동일한 구조를 유지한다. 광고가 시작되면 비행기 탑승권이 보이고 "두 사람, 어디까지 가봤니?"라는 자막이 뜬다. 다음 컷으로 넘어가자 '볼리비아 우유니 소금사막'이라는 자막이 나오며 저 멀리 하늘과 땅이 맞닿는 지점에 뭉게구름이 피어오르는 장면이 보인다. 그 순간 차분한 어조의 내레이션이 다시 들린다.

"지금 보시는 하늘과 땅처럼 신비로울 정도로 경계가 느껴지지 않을 겁니다." 이어서 노을 지는 장면과 내레이션이 겹쳐 흐른다. "전혀 다른 존재 둘이 진정으로 하나 되는 순간. 대자연으로의 얇은 직항." 마지막에 익스트림 에어핏Extreme Air Fit이라는 자막이 나오는 순간에 콘돔 봉지가 찢기고 "우리, 같이 갑시다"라며 동참을 촉구하는 메시지와 함께 광고가 끝난다. 역시 마지막 순간에 콘돔 광고였음을 알게 된다.

광고가 시작되며 나오는 "두 사람, 어디까지 가봤니?"라는 카피는 어디

바른생각의 광고 '우리 몸의 대자연' 편(2020)
© 바른생각

선가 보고 들은 것 같다. 생각해 보니 대한항공의 "미국, 어디까지 가봤니?" 캠페인(2008.11~2009.4)이 떠오른다. '미국의 재발견'이라는 콘셉트를 바탕으로 만든 17편의 방송 광고에서 한효주 씨, 하석진 씨, 이완 씨가 출연해, 미국 대륙의 50개 주 곳곳에 숨겨진 다양한 매력을 알린 캠페인이었다.• 그러니까 "두 사람, 어디까지 가봤니?"는 대한항공의 광고 카피 "미국, 어디까지 가봤니?"를 패러디한 것이다. 사람들이 관심을 갖는 여행이라는 소재를 써서 성을 이야기한 참신한 접근법이었다.

패러디의 묘미는 카피에서 '미국'을 '두 사람'으로 단어 하나를 슬쩍 바꾼 데에 있지 않다. 오히려 여행과 성관계라는 전혀 어울리지 않는 단어를 조합해 유머러스하게 해석한 지점에서 찾아야 한다. "두 사람, 어디까지 가봤니?"라는 카피는 중의적인 메시지다. 겉으로는 세계 여행을 말하면서도 실제로는 몸을 체험하는 여행을 이야기했다. 남자와 여자의 몸을 대자연에 비유하면서 대자연으로의 '얇은 직항'이라고 표현한 성적 암시와 상징이 놀랍다. 콘돔의 특성인 얇은 착용감과 밀착감 및 보습성을 대자연의 지형지물을 여행할 때 느끼는 원초적 감각에 비유했다. '얇다'는 상품의 특성을 여행할 때 느끼는 보편적인 감정에 빗대 표현함으로써 소비자들의 공감을 유도했다.

이 캠페인은 모두 네 가지 버전으로 만들어졌다. 터키의 카파도키아, 미국의 메머드 케이브, 볼리비아의 우유니 소금사막, 하와이의 노스 쇼어

• 　김병희·정상수, 「광고 캠페인과 스토리텔링 전략 분석: 대한항공 '미국, 어디까지 가봤니?' 캠페인을 중심으로」, 《광고PR실학연구》, 3(1), 2010, 153~176쪽.

지금은 우리가 사랑해야 할 시간

바른생각의 광고 '볼리비아 우유니 소금사막' 편(2020)
© 바른생각

파도 등이다. 시리즈 광고의 매력은 무엇보다 재치 있는 아이디어에 있었다. 화면을 자세히 보면 영상의 우측에 점선이 보이는데, 콘돔 봉지를 찢으라는 절묘한 암시다. 점선이 갈라지며 콘돔이 나오는데, 얇고 가벼운 콘돔의 특성을 알리기 위한 절묘한 장치였다. 광고에서 보통의 콘돔 광고에서와는 달리 콘돔을 직접 알리지 않고, 자연물의 독특한 특징을 콘돔 쓸 때의 상황에 알맞게 표현한 점에서도 카피라이터의 솜씨를 엿볼 수 있다. 광고가 나간 직후에 소셜 미디어에서 광고가 화젯거리로 떠올랐고 준비했던 콘돔도 완판 됐다고 하니, 광고 효과도 높았다고 평가할 수 있다.

우리 사회에서 성에 관련된 표현이 이전에 비해 많이 자유로워졌다. 그렇지만 어떤 분야에서는 성을 직접적으로 표현하는 것을 조심스러워하는 경향이 여전히 존재한다. 이런 상황에서 나온 광고의 핵심 메시지는 간명하다. 대자연 속의 지형지물을 탐사하듯, 콘돔을 끼고 몸속의 지형지물을 여행하라는 것이다. 그리고 촌철살인의 위트가 있다. 대자연으로 얇게 직항하라는 광고는 그래서 올바른 성 인식을 확산하는 데 긍정적인 영향을 미쳤다.

"전혀 다른 존재 둘이 진정으로 하나 되는 순간." 그 순간을 맞이하는 모든 분들, 행복한 마음으로 사랑을 나누시길 바란다.

결혼 생활은
문명의 충돌이다

결혼 생활이란 결코 간단한 문제가 아니다. 가수 윤시내 씨가 신랑 신부에게 '연애는 불꽃처럼 결혼은 풀꽃처럼 하라'고 조언했듯이, 연애와 결혼은 전혀 다른 세계임이 분명하다. 각자 혼자 살다가 결혼해서 함께 생활을 꾸리면 전혀 예상치 못했던 일들이 벌어진다. 신혼 시기의 부부 관계는 충돌의 연속이다. 남녀가 결혼한 다음에 부딪히게 되는 일상생활의 갈등을 문명의 충돌로 비유한 광고를 보자.

KCC건설의 스위첸 아파트 광고 '문명의 충돌' 편(2020)은 신혼부부의 일상을 사실적으로 묘사했다. 소름이 돋을 정도다. 개성이 다른 남녀가 만나 가족이 되는 과정을 생생하게 그려냈다. 광고가 시작되면 아내는 화장실에 있는 남편을 보고 소리친다. "드라이기로 어딜 말리는 거야?" 아내의 푸념이 계속된다. "결혼한 지 4년, 맞는 게 진짜 하나도 없어요." 남편도 어려움을 토로한다. "한집에 사는 게 이렇게 힘든 줄은 몰랐어요."

아내가 옷을 늘어놓고 외출복을 고르고 있자 남편은 재촉하기 시작한다. "자기야 시간 없어, 빨리 가자. 그거 예뻐! 아무거나 입어, 똑같아 똑같아." 참고 있던 아내의 한마디가 단호하다. "나, 안 가!"

휴일에 소파에서 잠만 자고 있는 남편의 바지를 끌어당기며 아내는 "나 가자아~" 하며 채근한다. 남편의 짜증이 계속된다. "아, 왜 그래! 진짜 좀 쉬어 그냥!" 남편이 "그럼 제가 틀렸다는 건가요?" 하며 반문하는 순간에 장면이 바뀌고 아내가 녹즙을 가져와 "마셔!" 하며 따스한 눈길을 보낸다. 잠잠해지나 싶었더니 소파에서 마사지하는 아내에게 남편이 한마디 툭 던진다. "이게 지금 말이 된다고 생각해?", "응 이거, 산 거 아니고 진짜 당첨된 거야", "한 달에 한 번씩 당첨이 되네?", "응." 둘 사이는 긴장의 연속이다. 승강기를 타면서도 신경전을 벌인다. "꼭 사람들 앞에서 그러더라?", "뭐가?", "알면서 뭘 그래?", "아니 몰라, 얘기해 봐. 왜?", "질투하냐?, 어?", "아닌 걸 자꾸 우기니까."

집에서 쉬면서는 에어컨 문제로 또 말다툼한다. "에어컨 꺼", "싫은데", "꺼!", "더워!" 휴일에는 장난감 비행기를 조립하다 또 싸운다. "나도 해볼래!", "자기는 못해", "아, 하자~ 좀." 실랑이하다 아내가 비행기를 망가뜨린다. "망가졌잖아!" "뭘 그렇게까지 화를 내! 다시 붙이면 되지." 장면이 바뀌자 아내는 혼잣말을 한다. "그래도 좋은 거 보면 제일 먼저 생각나는 사람?" 남편도 같은 생각이다. "그래도 뭐 맛있는 거 먹으면 같이 먹고 싶은…" 아내가 망가진 부분을 붙이려 애쓰자 남편이 "그거 그렇게 붙이는 거 아니야. 너 그거 물어내" 하며 다정한 눈길을 건넨다. "서로 다른 문명이 만나 함께 지어가는 집. 가족은 그렇게 태어납니다." 마무리 내레이션이 나오며 광고가 끝난다.

이토록 안 맞는 사람끼리 결혼을 어떻게 했을까 싶을 정도로 광고에서 부부는 다투기를 반복한다. 서로의 습관, 취미, 말투, 행동, 생활 하나하나가 맘에 들지 않는다. 결혼의 문제점을 묘사하는 장면이 넘쳐나니, 오죽했으면 아내와 남편을 마치 서양 문명이나 동양 문명처럼 '문명'이라고 지칭했을까 싶다. 광고에서는 가족이 된다는 것이 마치 다른 문명에서 사는 사람이 상대방을 이해하기 어려운 것만큼이나 어려운 관계라는 사실을 암시했다. 그렇지만 결말 부분에서는 갈등은 있지만 서로를 위하는 부부의 속마음도 보여줬다. 좋은 것을 보면 제일 먼저 생각나는 사람이라고 한다거나, 맛있는 것이 있으면 같이 먹고 싶은 사람이 부부라는 말이다.

광고에서는 가족이란 '서로 다른 문명이 만나 함께 지어가는 집'이라고 하며, 결국 가족의 탄생을 응원했다. 이 광고는 맘 카페를 비롯한 여러 온라인 커뮤니티에서 폭발적인 인기를 끌었다. 스위첸의 유튜브 채널에 '문명의 충돌'이라는 제목으로 광고 영상을 올리자 2주 만에 1000만 회가 넘는 조회 수를 기록했다. 마치 자신들의 신혼생활 때와 같다고 한다든가 지금 자기 부부 이야기라는 내용들이 많았다. 기존의 아파트 광고에서는 뛰어난 입지나 각종 편의시설을 강조했다면, 이 광고에서는 전혀 다른 관점에서 접근했다. 어느 집에서나 벌어질 수 있는 이야기를 누구나 공감할 수 있는 가족애로 풀어냈다.

보통 사람들의 일상을 포착해 자연스럽게 보여주는 일상의 단면형slice of life 기법은 이 광고를 더 빛나게 했다. 이 기법을 쓸 때는 일상생활에서 일어난 일을 연출하지 않은 듯 자연스럽게 표현해야 한다. 소비자의 공감

스위첸의 광고 '문명의 충돌' 편(2020)
© KCC건설

지금은 우리가 사랑해야 할 시간

을 유도하는 문제가 핵심 열쇠인데, 제대로 만들기가 생각보다 쉽지 않다. 일상의 단면형 광고에서는 보통 일반인 모델을 주로 활용한다. 그런데 이 광고에서는 조금씩 알려지고 있는 김남희 씨가 남편 역을, 박예니 씨가 아내 역을 맡았다. 자세히 보지 않으면 연예인이 아닌 일반인처럼 보일 정도로 그들의 연기는 천연덕스러웠다.

결혼 생활을 해본 사람들은 부부가 겪는 일상의 갈등을 '문명의 충돌'이란 말로 비유한 데에 반론을 제기하지 않을 것이다. 물론 '문명의 용해'라 할 정도로 서로 간의 문명이 잘 섞여 평생토록 연애하듯 살아가는 부부도 있으리라. 아마 대한민국 국민의 0.01% 정도가 그렇게 살아가지 않을까 싶다. 〈최후의 위대한 모험은 너The Last Great Adventure is you〉(2013)라는 제목의 미술품이 있다. 불량한 현대 미술가로 유명한 영국의 트레이시 에민 Tracey Emin이 발표했던 네온 조명의 작품이다.* 미술품 제목처럼 결혼이란 남녀가 청춘의 끝 무렵에 마지막으로 시도하는 위대한 모험일지 모른다.

개성(문명)이 다른 사람이 만나 한 지붕을 이고 평생을 살아가는 일이 결코 쉽지만은 않다. 사랑이 없다면 거의 불가능할 것이다. 순간의 선택이 10년을 좌우한다는 가전제품 광고의 카피와는 달리, 결혼에서는 순간의 선택이 평생을 좌우한다. 한 번 선택을 잘못해 평생 후회하는 사람도

---

* Jonathan Jones, "Tracey Emin, The Last Great Adventure is You Review: A Lesson in How to be a Real Artist," *The Guardian*, October 7, 2014. https://www.theguardian.com/artanddesign/2014/oct/07/tracey-emin-review-the-last-great-adventure-is-you-white-cube-gallery-london

있다. 그럼에도 불구하고 문명의 충돌을 이겨내고 진정한 가족을 구성하려는 노력이 무엇보다 중요하다. '문명의 충돌'이라는 모험을 통과하는 지름길은 양보와 희생, 그리고 무엇보다 사랑이다.

나를 믿고
오늘을 살아가자

인생이란 무엇일까? 인생에 대한 숱한 정의가 많지만 우리는 인생이 무엇인지 모른 채 살아가고 있다. 각자의 경험과 울림에 따라 인생을 이야기할 뿐이다. 직장 생활이든 군대생활이든 그리고 남녀 간의 연애 과정이나 결혼 생활이든, 살아가는 일은 결코 만만한 일은 아니다. 그런데도 인생은 살아볼 만한 가치가 있다고 젊은이들에게 속삭이는 광고가 있다. 그것도 눈이 부시게!

코오롱스포츠 광고 '꿈을 향한 여정' 편(2019)에서는 젊은이들을 대상으로 하면서도 여든이 넘은 배우 김혜자 씨를 내세워 인생을 이야기했다. 아웃도어 광고에는 보통 20~30대의 젊은 모델이 출연하는데 그 관행을 바꾼 파격적인 선택이었다. JTBC 〈눈이 부시게〉(2019)의 마지막 장면을 연상시키는 광고다. 최종회에서 주인공인 혜자가 차분한 목소리로 다음과 같은 대사를 낭독하며 드라마는 대단원의 막을 내렸다.

탤런트 김혜자 씨는 드라마의 마지막 장면에서 자신의 삶이 때로는 불행했고 때로는 행복했더라도 어쨌든 살아가는 일이 좋았다고 고백했다. 사소한 일상이 계속되더라도 한번 태어난 인생은 살아볼 가치가 있다는 뜻이었다. 노년에 접어든 배우는 후회스러운 과거와 불안한 미래 때문에 지금을 망치지 말고 눈부신 오늘을 살아가라고 권유하며, 우리 모두가 눈이 부시게 살아갈 자격이 충분하다고 강조했다. 고즈넉한 목소리로 들려준 마지막 대사는 시청자들에게 깊은 울림을 남겼다.

김 씨가 아이슬란드의 작은 도시 레이캬비크를 찾아가는 장면에서 광고가 시작됐다. 오로라를 보는 것이 김 씨가 평생토록 꿈꿔온 버킷리스트였다고 한다. 오로라를 찾아가는 여정에서 그는 자연에 대한 경외심을 느끼며 지나온 삶의 여정을 차근차근 회고했다. 우연히 마주친 교회에서 기도를 드리고, 상점에서 구입한 엽서에 오로라를 보게 해달라는 소원을 썼다. 모스그린moss green 이끼로 뒤덮인 길을 걸어가는 동안에는 강풍이 몰아쳤다. 순간순간마다 김 씨는 아이처럼 즐거워했다가 곧장 허무한 표정을 짓기도 했다. 카메라는 김 씨가 홀로 바다를 바라보는 순간이나 오로라와 빙하를 바라보며 경이로운 눈빛을 짓는 장면을 담담하게 담아냈다. 풍경 하나하나가 예사롭지 않게 스쳐가는 가운데 김 씨는 자신의 인생을 이렇게 반추했다.

여기까지 오는 데 참으로 오래 걸렸습니다.
연기라는 세상 밖으로 나가본 적 없는 바보라
가볍게 휙 떠나올 수 없었습니다.

코오롱스포츠의 광고 '꿈을 향한 여정' 편(2019)
© 코오롱스포츠

언제 어떤 일이 기다리고 있을지 모르는 게 인생입니다.

그래서 인생은 살아볼 만한 거겠지요.

이 길에서 자꾸만 나의 지난 일들이 겹쳐집니다.

하늘이 허락해 주시지 않는다 해도 괜찮을 것 같습니다.

80을 눈앞에 둔 내 인생의 길 끝에서

나는 내 꿈 앞에 서 있습니다.

떨리는 눈빛과 애잔한 목소리 때문에 광고를 보는 동안 왈칵 눈물이 쏟아질 것만 같았다. 평생 꿈꿔왔던 오로라를 마주친 순간 호기심에 가득 찬 그의 눈은 절대로 거짓말을 못할 것 같은 어린아이의 눈빛처럼 천진난만했다. 그 장면이 클로즈업되는 순간 "나를 믿고 걸어갑니다. 지금까지 그래왔던 것처럼…"이라는 마무리 카피가 진한 여운을 남기며 흐르는 가운데 광고가 끝났다. 이 광고는 텔레비전, 유튜브, 페이스북, 인스타그램에 길이를 달리해서 다양한 버전으로 노출됐다.

이 광고에서는 아웃도어의 본질인 변화하는 환경에 대한 도전정신을 강조했다. 자연에 도전하고 즐기는 데 있어서 나이는 숫자에 불과하다는 메시지를 부각시키기 위해 브랜드 이름을 언급하는 것도 생략했다. 코오롱스포츠는 젊은 층을 겨냥한 류준열 씨와 별도로, 팔십을 바라보는 김혜자 씨를 광고에 출연시켜 아웃도어 광고 모델의 전형적인 스타일에서 탈피하는 데 성공했다. 중장년층을 겨냥해 김 씨가 광고에 출연했지만 나이가 따로 없다는 도전 정신은 젊은 층을 위로하기에도 충분했다.

2019년 백상예술대상에서 〈눈이 부시게〉로 대상을 수상한 자리에서 김 씨는 드라마 대사를 인용해 이렇게 말했다. "후회만 가득한 과거와 불안하기만 한 미래 때문에 지금을 망치지 마세요. 오늘을 살아가세요." 여러 사람들의 마음을 울린 수상 소감이었다. 같은 맥락에서 광고에서는 "나를 믿고 걸어갑니다. 지금까지 그래 왔던 것처럼…"이라고 말하면서 인생은 살아볼 만한 가치가 있다는 긍정적인 인생관을 전달했다. 눈동자의 떨림까지 포착한 영상과 목소리의 구슬픈 파장까지 담아낸 낭독은 영혼의 깊은 울림을 주기에 충분했다. 자기 삶을 온전히 살아온 배우의 인생 여정이 오롯이 담겨 있었다.

드라마에서 혜자는 오로라를 보고 싶어 했지만 끝내 보지는 못했다. 그렇지만 광고에서는 오로라를 만났으니 오로라의 꿈은 광고에 이르러 현실이 되었다. 드라마 〈눈이 부시게〉의 여운이 채 가시지 않은 상황에서 자기 인생을 사랑하라는 메시지가 젊은이들에게 생생히 전해졌다고 할 수 있다. 따라서 이 광고는 노년에 접어든 배우가 젊음에게 보내는 인생 지침이란 성격이 짙다. 언제 무슨 일이 일어날지 모르는 인생, 그래서 인생이란 살아볼 만하다는 말은 어렵게 살아가는 젊은 영혼들에게 깊은 위로의 메시지로 다가갈 것이다. 아래로 떨어지는 폭포수는 다시 힘찬 물보라를 일으키며 위로 솟구친다. 젊은이들이여, 자신의 오늘을 사랑하며 힘찬 물보라를 일으키라는 대배우의 조언을 명심하자.

사랑했으므로
행복하였네라

사랑하는 것은

사랑을 받느니보다 행복하나니라……

    누구나 한번쯤은 청마靑馬 유치환(1908~1967) 시인의 「행복」이란 시를 읽어봤으리라. 소셜미디어로 소통하는 일이 일상화되지 않던 시절에는 연인끼리 이 시를 편지지에 예쁘게 써서 주고받던 분들도 많을 것이다. 이 시는 누구나 알 정도로 널리 알려져 있지만 시인이 처음부터 발표하려고 시를 쓴 것은 아니었고, 청마 시인이 시조 시인 정운丁芸 이영도李永道 (1916~1976) 여사에게 보낸 숱한 편지 중의 하나였다. 시인은 그래서 날마다 에메랄드빛 하늘이 환히 내다뵈는 우체국 창문 앞에 와서 사랑하는 이에게 편지를 쓴다고 묘사했을 것이다.

    누군가에게 편지 쓰는 마음은 시를 쓰는 마음과 똑같을 테니 문학의 장르가 뭐 그리 중요하겠는가? 사모하는 마음이 전해지면 그만이지, 시로 쓴 편지라고 하면 어떻고 편지로 쓴 시라고 하면 또 어떠랴. 어쨌든 「행복」이란 시와 두 분의 사랑 이야기는 널리 알려져 있지만, 이 시가 어떻게 세상에 나오게 됐는지에 대해서는 문학인들 외에는 잘 모르는 듯하다. 그 내용을 조금 살펴보면서 사랑과 행복의 문제를 짚어보면 어떨까 싶다. 편지 모음집이 출판된 직후에 나온 광고를 먼저 살펴보자.

유치환의 편지 모음집인 『사랑했으므로 행복하였네라』를 발행한 중앙출판공사의 광고 '행복' 편(1967)에서는 책 제목을 헤드라인으로 썼다(≪조선일보≫, 1967년 7월 23일 자). 책 제목 자체를 그대로 광고 헤드라인으로 쓰는 출판계의 관행을 그대로 따랐다. 제목이 헤드라인이 되니까 책을 소개하는 핵심은 헤드라인 앞에서 헤드라인을 읽도록 유도하는 오버라인over line이 광고 카피의 핵심이다. "이다지 지애至愛(극진히 사랑함)하고 이다지 열모熱慕(뜨겁게 사모함)한 노스탤지어의 시인詩人 청마靑馬의 만리장서萬里長書!" 오버라인에서는 극진히 사랑하고 뜨겁게 사모하는 마음이 만리장성을 쌓을 만큼 켜켜이 쌓였다는 의미를 전달했다.

출판사의 편집자가 썼을 법한 카피인데, 중국의 만리장성萬里長城을 암시하며 '만리장서'로 표현한 비유 감각이 탁월하다. 보디카피는 이렇다. "20년年토록 긴 세월歲月을 청마靑馬 유치환柳致環 씨가 규수시인閨秀詩人 이영도 여사에게 하루같이 보낸 사랑의 편지便紙들. 구원久遠(멀고 오래됨)한 목숨의 명인嗚咽(흐느낌)이 성결聖潔(거룩하고 깨끗함)한 5천여운千餘運의 글발이 당신의 가슴에 그리움의 비를 내릴 것이다." 4·6판 크기의 금박 제본에 370쪽이며 값은 400원이라는 기본 정보를 알리며, 독서계를 석권해 단연

중앙출판공사의 광고 '행복' 편(1967)
ⓒ ≪조선일보≫

베스트셀러로 떠올랐다고 소개했다. 광고 카피에서 말한 '그리움의 비'가
독자들에게 내렸던 것일까?

이근배 시인의 회고에 의하면 편지 모음집이 나오기까지 우여곡절이
많았다고 한다. 1967년 봄, 청마 시인이 교통사고로 갑자기 타계하자, 박
성룡 시인이 청마와 정운의 사랑 이야기를 소환했고, 두 사람 사이에 오간
편지가 5000여 통이 넘는다는 내용을 ≪주간한국≫에 소개했다. 그러자
여러 출판사에서 그 편지들을 엮어 책을 내고 싶다며 이영도 시조 시인에
게 연락했지만, 그 편지들은 공개할 성격이 아니며 책을 낸다는 것은 더더
욱 있을 수 없는 일이라며 거절했다.

그러자 여러 여성 잡지에서 청마 시인이 제자들과 주고받은 편지를 소
개하며 마치 청마의 여성 관계가 복잡하다는 듯이 가짜 뉴스를 이어나갔
다. 전형적인 황색 저널리즘이었다. 더 이상 보다 못한 정운은 잡다한 소
문을 잠재우지 않으면 안 되겠다고 판단해, 대형 출판사들을 물리치고 신
생 출판사였던 중앙출판공사에서 편집장으로 일하던 이근배 시인에게
연락했다. 그래서 이 시인은 최계락 시인과 함께 부산시 동래구에 있던
정운의 집으로 찾아가 편지 다발들을 추렸고, 그중에서 "뼈를 추리고 살

을 발라내" 책을 출판했다고 한
다.* 책이 출판되자마자 베스트
셀러로 떠올랐다. 영원히 묻힐
뻔한 명시가 가짜 뉴스 때문에
새 생명을 얻은 격이니 아이러
니가 아닐 수 없다.

　그 사랑의 자취는 지금도 여
전히 현재 진행형으로 남아 있
다. 통영중앙우체국 앞에는 시
전문을 새겨 넣은 '행복' 조각상
이 오래전부터 설치돼 있다. 광
고인의 눈으로 보면 이 조각상
은 통영을 사랑의 도시로 알리

『사랑했으므로 행복하였네라』 초판의 표지(1967)
© 중앙출판공사

는 옥외광고의 성격을 띤다. 통영 중앙시장에서 서쪽으로 가면 통영중앙
우체국이 나오는데, 통영시는 이곳부터 충무교회까지의 거리를 청마 시
인의 호를 따서 '청마거리'로 명명했다. 통영여중의 국어 교사로 부임한
청마는 같은 학교에서 가사(가정) 과목을 가르치던 이영도 선생을 본 순간
첫눈에 반해버렸다. 정운 이영도는 1945년 10월에 5년제 통영여자중학교
에 부임해 1953년 5월까지 가사 교사로 근무했다. 작곡가 윤이상尹伊桑도
그 학교에서 음악 교사로 일하고 있었으니, 훗날 한국을 빛낼 예술가들이

•　　이근배, "문단수첩: 사랑했으므로 행복하였네라", ≪동아일보≫, 1991년 2월 8일 자.

한 직장에 모여든 격이다.

당시에 청마는 서른여덟 살의 유부남이었고, 시조 시인 이호우의 동생인 스물아홉 살의 이영도는 남편을 여의고 혼자서 딸을 키우고 있었다. 정운은 단호히 거절했지만 청마는 정운을 계속 흠모한 나머지, 1947년부터 거의 하루도 빠짐없이 연서戀書를 써서 통영중앙우체국에서 부쳤다. 청마의 편지 공세에 정운은 겉으로는 아닌 체하며 자신을 다잡았지만 내면은 뜨겁게 흔들렸다고 한다. 청마의 제안을 쉽게 받아들이지 않은 정운은 3년이라는 긴 시간 동안 망설이다가, 마침내 마음이 흔들려 둘만의 정신적 사랑이 시작됐다. 청마의 편지 쓰기는 20여 년 동안 계속됐는데 6·25 전에 불타버린 것을 제외하고도 5000여 통에 이른다. 이들의 플라토닉 러브는 요즘 세태에서 이해하기 어려운 측면도 있지만, 통영중앙우체국 앞의 '행복' 조각상은 너무 쉽게 만났다가 갑작스레 헤어지는 요즘의 플라스틱 사랑을 꾸짖는 것만 같다. 앞으로도 청마거리에 있는 행복 조각상은 두 사람의 사랑 이야기를 소환하며 사람들의 가슴에 깊은 울림을 남길 것이다.

누군가 사랑할 대상이 있는 사람은 행복하다. 사랑할 대상이 없는 사람이 가장 불행한 사람이 아닐까? 흔히들 사랑받고 있는 것 같아 기쁘다고 말하지만 착각일 뿐이다. 사랑을 주는 사람이 사랑을 받는 사람보다 행복하기에 그렇다. 사랑을 줄 때 더 행복하다는 사실을 나이 먹을수록 더 느끼게 된다. 그래서 청마는 시의 첫 줄을 "사랑하는 것은 사랑을 받느니보다 행복하나니라"로 시작하지 않았을까 싶다. 상대방이 냉랭하게 대하며 면박을 주더라도, 뜨거움이 전혀 식지 않고 뭐라도 해주고 싶은 그런 마음

통영중앙우체국 앞의 '행복' 조각상
© 김병희

이 진정한 사랑이다.

  …… 설령 이것이 이 세상 마지막 인사가 될지라도
  사랑했으므로 나는 진정 행복하였네라.

  이 같은 「행복」의 마지막 구절을 읽은 정운은 「탑塔」이란 시조를 써
서 이렇게 화답했다.

  …… 애모(愛慕)는
  사리(舍利)로 맺혀

푸른 돌로 굳어라.

두 사람은 20여 년 동안 정신적인 사랑을 나누며 살았다. 죽음만이 그들을 갈라놓았는데, 그들은 내내 사랑 속에서 행복했다. 청마 유치환과 정운 이영도가 편지를 주고받던 무렵의 나이가 청춘 시절은 아니었지만, 두 사람의 사랑은 그 누구보다 뜨겁고도 아름다웠다. 나이는 숫자에 불과하다는 카피처럼, 사랑에도 나이가 없다. 이런 점에서 두 사람은 신체 나이를 잊은 채 '열정적인, 너무나 열정적인' 청춘의 사랑을 했다고 할 수 있다.

하늘의 별처럼 수많은 사람 중에는 20년을 넘어 50~60년 동안 사랑을 키워가는 분들도 있으리라. 이룬 사랑이든, 이루지 못한 사랑이든, 이루어질 수 없는 사랑이든, 평생을 사랑할 상대가 있는 분들은 그렇지 않은 분들보다 행복하다. 그분들은 두근두근 떨리는 심장을 평생토록 지니며 살아왔고 앞으로도 두근거리는 마음으로 살아갈 테니까, 누구보다 행복한 인생을 살아갈 것이다. 서로 사랑하라, 사랑이 행복한 삶을 만든다. 서로 더 사랑하라, 더 사랑하는 마음이 청춘을 만든다.

제2부

따스하고 아늑한 품속,
가족의 사랑

제2부 '따스하고 아늑한 품속, 가족의 사랑'에서는 가족 가치관이 점점 무너지고 있는 현실에서 가족 간의 사랑이 얼마나 중요한지 살펴보고 가족 사랑의 구체적인 방안을 제시했다. 신랑, 신부에게 부모의 의미, 아버지와 아들의 관계, 아버지에 대한 자식의 자책감, 완벽한 엄마를 꿈꾸지 않기, 자식이 생각하는 엄마의 정의, 아이에게 유익한 더러운 것, 사랑의 유효기간, 어버이날의 사랑, 자식에게 필요한 빈방 같은 현상을 소개하며 가족끼리 사랑하라고 강조했다. 따스하고 아늑한 품속 같은 가족의 사랑 문제를 읽다 보면 독자들께서도 가족을 사랑하는 방법을 저절로 깨닫게 될 것이다.

예신과 예랑에게
부모님이란

결혼 시즌인 봄과 가을에는 다른 계절보다 결혼식을 올리는 커플이 많다. 미루던 결혼식을 더 이상 늦출 수 없다고 판단해서 결혼을 결정하든 아예 처음부터 결혼을 전제로 해서 사랑을 키워가든 간에, 청춘 남녀들이 식장을 잡으려고 부산스럽게 움직이는 모습은 정말로 든든해 보인다. 젊은 청춘들이 자주 쓰는 축약어를 써보면 예신(예비 신부)과 예랑(예비 신랑)은 너무 아름다워 눈이 부실 정도다. 그들이 결혼 전에 꼭 봐야 할 광고를 추천하라고 한다면 어떤 광고가 좋을까?

나는 조금도 망설이지 않고 1995년에 나왔던 삼성생명의 광고 '효-아버지' 편과 '효-어머니' 편을 추천하고 싶다. 부모님의 사랑과 희생이 있었기에, 예신과 예랑은 잘 성장해서 결혼이라는 기쁜 순간을 맞이할 수 있기 때문이다. 먼저 '아버지' 편을 보자. 광고의 비주얼은 아버지의 사진 한 장뿐이다. 초로에 접어든 아버지의 얼굴에는 고단하게 살아온 세월의 흔적

이 묻어난다. "우리는 당신을 아버지라 부릅니다"라는 헤드라인을 써서 호
소력을 높인 이 광고에서는 카피의 말맛이 일품이다. 광고 카피는 이렇다.

스물아홉… 열네 시간을 기다려서야 자식의 울음소리를 들을 수 있었습니다.
당신은 신을 믿지 않았지만 당신도 모르게 기도를 올렸습니다.

서른일곱… 자식이 국민학교(초등학교)를 들어가 우등상을 탔습니다. 당신
은 액자를 만들어 가장 잘 보이는 곳에 걸어 두었습니다. 아직도 당신의 방에
는 누렇게 빛바랜 액자가 걸려 있습니다.

마흔 셋… 일요일 아침. 모처럼 자식과 뒷산 약수터로 올라갔습니다. 이웃 사
람들이 자식이 아버지를 닮았다면서 인사를 건넸습니다. 당신은 괜히 기분이
좋아졌습니다.

마흔 여덟… 자식이 대학 입학시험을 보러 갔습니다. 당신은 평소와 다름없
이 출근했지만, 하루 종일 일이 손에 잡히지 않았습니다.

쉰셋… 자식이 첫 월급을 타서 내의를 사왔습니다. 당신은 쓸데없이 돈을 쓴
다고 나무랐지만 밤이 늦도록 내의를 입어보고 또 입어봤습니다.

예순하나… 딸이 시집을 가는 날이었습니다. 딸은 도둑 같은 사위 얼굴을 쳐
다보며 함박웃음을 피웠습니다. 당신은 나이 들고서 처음으로 눈시울이 붉어

74

졌습니다.

오직 하나 자식 잘되기만을 바라며 살아온
한평생.
하지만 이제는… 희끗희끗한 머리로 남으
신 당신…

우리는 당신을 아버지라 부릅니다.

삼성생명의 광고 '효 – 아버지' 편(1995)
© 삼성생명

같은 효孝 시리즈인 '어머니' 편에서는
"우리는 당신을 어머니라 부릅니다"라는 헤드라인을 썼다. 한국인의 어머
니상을 이처럼 절절하게 묘사한 글은 흔치 않을 것이다. 카피를 읽어 내
려가다 보면 평생을 자식 걱정하며 살아오셨을 어머니의 한평생이 선연
하게 떠오른다. 1995년 당시 언론에서는 광고 카피를 읽다가 엄마 생각에
눈시울을 적신 분들이 많았다고 보도하는 경우도 있었다.

스물 하나… 당신은 고개를 두 개 넘어 얼굴도 본 적 없는 김씨 댁의 큰아들
에게 시집을 왔습니다.

스물여섯… 시집온 지 오 년 만에 자식을 낳았습니다. 당신은 그제서야 시댁
어른들한테 며느리 대접을 받았습니다.

서른둘… 자식이 밤늦게 급체를 앓았습니다. 당신은 자식을 업고 읍내 병원까지 밤길 이십 리를 달렸습니다.

마흔… 그해 겨울은 유난히 추웠습니다. 당신은 자식이 학교에서 돌아올 무렵이면 자식의 외투를 입고 동구 밖으로 나갔습니다. 그리고 자식에게 당신의 체온으로 덥혀진 외투를 입혀 주었습니다.

마흔여섯… 아들이 군에 입대를 하였습니다. 며칠 뒤 입고 간 옷가지와 신발을 장정 소포로 부쳐왔습니다. 당신은 아들이 부쳐온 양말의 냄새를 맡으며 눈물을 흘렸습니다.

쉰둘… 자식이 결혼할 여자라고 집으로 데려왔습니다. 당신은 분칠한 얼굴이 싫었지만 자식이 좋다니까 당신도 좋다고 하였습니다.

예순… 환갑이라고 자식이 모처럼 돈을 보냈습니다. 당신은 그 돈으로 자식의 보약을 지었습니다.

예순다섯… 자식 내외가 바쁘다며 명절에 고향에 못 온다고 했습니다. 당신은 동네 사람들에게 아들이 바빠서 아침 일찍 올라갔다며 당신 평생 처음으로 거짓말을 했습니다.

오직 하나 자식 잘되기만을 바라며 살아온 한평생.

하지만, 이제는 깊게 주름진 얼굴로 남으
신 당신…

우리는 당신을 어머니라 부릅니다.

광고에서는 우리나라의 보편적인 부
모님의 사랑을 절절하게 묘사했다. 얼굴
사진을 보면 웃고 있지만 언뜻 삶의 고
단함과 쓸쓸함도 묻어난다. 광고가 나가
자 국내 독자는 물론 해외 교포나 재소

삼성생명의 광고 '효 - 어머니' 편(1995)
© 삼성생명

자들로부터 광고물을 별도의 포스터로 만들어 보내달라는 주문이 쏟아졌
다. 삼성생명은 주문 요청에 응답하기 위해 광고를 포스터로 제작해서 석
달 동안 16만 장을 배포했다. 언론에서는 예전에 없던 광고의 진기록이라
평가하며, 빈곤의 시대를 건너온 30대 이상에게 큰 울림을 준 광고라고
평가했다.[*]

광고의 실제 모델은 우리 주변에서 쉽게 만날 수 있는 평범한 인물이었
다. 아버지로 등장한 김상호 씨는 당시 62세로 중국집을 운영하는 분이었
고, 어머니로 등장한 석복남 씨는 당시 71세로 노인대학에 다니던 할머니
였다. 두 분의 얼굴 사진을 보면 웃고 있다. 그렇지만 삶의 고단함과 초로

---

* 　김동률, "삼성생명 효 광고 큰 반향: 석 달 만에 포스터 16만여 장 배포 진기록", ≪경향신문≫,
　　1995년 8월 12일 자.

의 쓸쓸함도 묻어난다. 오로지 자식 잘되기만을 바라며 살아온 한평생이 부모가 지향해야 할 가장 중요한 가치라고 단정할 필요도 없겠지만, 부모의 그런 마음을 애써 부정하려 드는 자식들의 태도가 결코 옳다고는 할 수 없다. 아니, 틀렸다.

만약 요즘에 광고가 이 나왔다면 저토록 엄청난 반향을 불러일으켰으리라 단정하기 어렵다. 당시의 30~40대들도 이제 초로의 나이에 접어들었을 테고, 그들의 자식들이 이제 예신이나 예랑일 것이다. "자식이 학교에서 돌아올 무렵이면 자식의 외투를 입고 동구 밖"에서 기다리지도 않고, 젊은이들 역시 "첫 월급을 타서 내의를" 사오지 않기에 부모에 대한 감정이 각별하지 않을 수도 있다. 하지만 부모들은 삶의 결만 조금 달랐을 뿐이지, 자식 생각하는 마음만큼은 광고에 묘사된 부모님의 마음과 조금도 다르지 않다.

부모 속도 모르는 자식들은 자기 인생에 더 이상 개입하지 말라거나, 독립된 개체個體로 살겠다는 둥 하고 싶은 말을 마음껏 해대며 살았다. 각자 짝을 만나 결혼하면 말을 마음껏 해대며 살지는 못할 것이다. "사위 얼굴을 쳐다보며 함박웃음을" 짓는 딸을 보면 아버지의 눈시울이 붉어질 테고, 예비 며느리의 "분칠한 얼굴"이 싫어도 "자식이 좋다니까" 어머니도 좋다고 말하리라. 곧 결혼할 테고 머잖아 그대들도 엄마 아빠가 되는 날이 올 것이다. 자식에게 돈을 꾸지도 않았지만, 부모란 자식 앞에 서면 언제나 빚쟁이다. 결혼을 앞둔 예신과 예랑들이여, 그대들도 아이가 생기면 자녀에게 사랑을 듬뿍 쏟으며 좋은 엄마와 좋은 아빠가 되시기를.

아버지의 기대와
아들의 반발

아버지와 아들의 갈등을 그린 드라마는 대체로 인기를 끄는 경향이 있다. JTBC의 〈나의 나라〉(2019)와 KBS2의 〈조선로코 - 녹두전〉(2019) 그리고 KBS1의 〈태종 이방원〉(2022) 같은 드라마가 대표적이다. 이성계와 이방원 부자의 엇갈리는 애증 관계를 바탕으로 아버지에게 도전하는 아들을 부각시킨 드라마가 〈나의 나라〉와 〈태종 이방원〉이라면, 왕이 될 수 없는 운명이었던 광해군과 아버지 선조 간의 갈등 관계를 바탕으로 아들을 죽여야만 사는 아버지를 부각시킨 것이 〈조선로코 - 녹두전〉이다. 이런 드라마가 인기를 끄는 배경은 우리가 살고 있는 지금도 부자간의 갈등 문제가 생각보다 심각하기 때문이다.

너무나 유명한 더글러스 맥아더 장군Douglas MacArthur(1880~1964). 야구단 SK와이번스의 외국인 타자 제이미 로맥Jamie Romak은 홈런을 날린 다음 맥아더 장군 복장을 하고 야구장에 나타나 연고지인 인천에 걸맞게 '로맥아더'라는 별명을 얻었다. 이 정도로 우리에게 친숙한 맥아더 장군은 한국전쟁의 영웅이지만 아들을 끔찍이 사랑했던 분으로도 잘 알려져 있다. 그러나 아들은 아버지를 부담스러워했다. 맥아더 장군은 광고 모델로도 자주 등장한다.

서울시티폰 광고 '서울상륙작전' 편(1997)에서는 인천상륙작전의 맥아더 장군을 광고 모델로 활용했다. 스마트폰이 나오기 훨씬 전인 1997년에 발신 전용 이동전화인 시티폰의 등장을 알리는 광고였다. 시티폰은 집에서 쓰는 무선 전화기의 사용 범위를 공중전화망을 통해 확장시킨 전화기였다. 이 광고에서 맥아더 장군은 "서울시티폰 서울상륙작전 개시!"라고 하면서 카피를 전달하는 메신저 역할을 톡톡히 해냈다.

영화에서도 마찬가지였지만 영화 포스터인 '인천상륙작전' 편(2016)에서도 맥아더 장군은 광고의 핵심 모델이었다. 영화 〈인천상륙작전〉에서 맥아더 장군(리암 니슨 분)은 북한의 기습 남침으로 불과 한 달 만에 낙동강 지역을 제외한 한반도 전역을 빼앗긴 우리나라를 구해냈다. 성공 확률 5000 : 1이라며 모두가 반대했지만, 국제연합군 최고사령관 맥아더 장군은 "전쟁의 역사는 이곳에서 바뀔 것"이라는 광고 카피처럼 모두가 불가능하다 했던 인천상륙작전을 성공으로 이끌었다.

세상의 모든 부모가 사랑하는 자식을 위해 기도하겠지만, 맥아더 장군은 자식에 대한 사랑을 함축한 아들을 위한 「아버지의 기도A Father's Prayer」를 쓴 것으로도 유명하다. 그는 한국전쟁이 한창이던 1952년에 필리핀에서 이 기도문을 썼다고 알려져 있다. 예수님께서 제자들에게 가르쳤다는 지혜가 담겨 있는 이 기도문은 모순어법을 잘 활용한 한 편의 시와 같다.

서울시티폰의 광고 '서울상륙작전' 편(1997)

영화 포스터 '인천상륙작전' 편(2016)

제2부 _ 따스하고 아늑한 품속, 가족의 사랑

그래서 더 감동적이다. 영문학자 고故 장영희 교수는 「아버지의 기도」라
하지 않고 「자녀를 위한 기도」라고 번역했다.*

　고 장영희 교수가 번역한 「자녀를 위한 기도」에서 맥아더 장군은 "두려
울 때 두려워하는 자신에 맞설 만큼" 용감하고, "등뼈가 들어서야 할 자리
에 소망 뼈**가 있게 하지" 말고, "다른 이들을 다스리려고 하기 전에 먼저
자신을 다스리는" 자녀가 되어달라고 소망했다. 나아가 마지막 구절에서
는 "위대함에 소박함이 있고, 참된 지혜에 열린 마음이 있으며, 참된 강함
에 온유함이 있음을 늘 기억"하는 사람이 되어주기를 기도하며, 그런 사
람이 되어준다면 아버지로서 살아온 인생이 헛되지는 않을 것 같다고 묘
사했다.

　이 기도문은 맥아더 장군이 1964년에 사망한 다음에 세상에 알려졌
다. 장군은 첫 번째 결혼에 실패하고, 1937년에 재혼한 진 페어클로스
Jean Faircloth와의 사이에서 외아들을 얻었다. 그때가 그의 나이 58세였으니
환갑을 앞두고 얻은 늦둥이를 얼마나 끔찍이 사랑했을 것인지 안 봐도 알

---

*　　장영희, 『축복: 장영희의 영미시 산책』(서울: 비채, 2006). 장 교수는 아들만을 위한 기도가 아닌 아
　　들과 딸을 위한 기도이기를 바란다는 뜻에서 'son(son)'을 아들이 아닌 '아이'로 번역했다고 밝혔다;
　　장영희, "장영희의 영미시 산책 31: 아들아, 고난과 도전까지 끌어 안거라." ≪조선일보≫, 2004년
　　8월 5일 자.
**　위시본(wishbone)은 조류의 앞가슴에서 두 갈래로 갈라진 뼈다. 닭이나 새의 가슴살을 먹고 나서
　　뼈의 양끝을 두 사람이 잡아당겨 긴 쪽을 차지하는 쪽이 소원을 이룬다고 해서 '소원 뼈'라고 부른
　　다. 장영희 교수는 기도문에서 소망 뼈(wishbone)와 등뼈(backbone)는 비유적 표현이라고 하며, 소
　　망 뼈가 기대만 하며 살아가는 소극적 태도라면, 등뼈는 꺾이지 않는 삶의 실천적 태도를 상징한다
　　고 해석했다.

것 같다. 사람들은 이 기도문의 구절을 암송하며 엄청난 찬사를 보냈다. 장군도 가족들이 자신을 군인이 아닌 기도하는 아버지로 기억하기를 바랐다고 한다.

맥아더 장군은 그토록 아들을 애지중지하며 키웠지만, 그의 아들인 아서 맥아더 4세Arthur MacArthur IV는 아버지의 장례식이 끝난 다음 자기 이름에서 성을 바꿔버렸다고 한다. 아버지의 그늘에서 벗어나 평범하게 살아야겠다는 이유에서였다. 성까지 바꾼 그는 뉴욕에서 색소폰 연주자로 활동하며 평범하게 살았다고 한다. 이 또한 아이러니가 아닐 수 없다. 사실 「아버지의 기도」는 너무 교과서적이다. 기도문의 취지에 공감할 수는 있어도, 아들에게 기도문대로 살아가라고 한다면 강요이자 압박이다.

군인이 아닌 아들이 어떻게 고난과 도전까지 끌어안으며 옳고 정의로운 삶을 액면 그대로 살아갈 수 있었겠는가? 디지털 미디어 시대에서 살고 있는 우리네 자녀들은 이 기도문을 읽으면 숨이 턱턱 막힌다고 반응할 것 같다. 모녀 사이의 갈등보다 부자 사이의 갈등이 더 심각한 까닭은 남성성이 대립해 서로 기 싸움을 하면서 절대로 물러서지 않으려하기 때문이다. 부자 사이의 갈등과 파국의 결정판인 영화 〈사도〉(2015)에서 영조는 사도세자에게 "이렇게 좋은 환경에서 뭐 하는 거냐?"라며 아들을 혼내는 장면이 나온다. 이렇게 좋은 환경이란 아버지가 살아온 환경에 비춰 더 좋다는 뜻일 수는 있어도 아들 세대에게는 의미 없는 잔소리로 들릴 수 있을 뿐이다.

맥아더 장군이라는 광고 모델에서 아버지와 아들의 관계를 생각해 본다. 인생이란 생각한 대로 진행되지 않는다. 우리 시대의 아들들은 절대로 기도문처럼 살아갈 수 없으리라. 아들들이여, 장군의 아들처럼 성을 갈아버리겠다며 부모 마음을 아프게 하지 말고, 아버지가 왜 그러는지 한 번쯤 진지하게 입장을 바꿔 생각해 보시길. 그리고 부모 역시 때가 되면 아들을 놓아줘야 한다. 자식은 자기 물건이 아니기 때문에 이렇게 보내줘야 한다. "자, 내 아가야. 이젠 혼자서 가라So mein Kind, jezt gehe allein weiter!"

소설가 이미륵이 독일어로 쓴 소설 『압록강은 흐른다Der Yalu fließt』(1946)에서 주인공 미륵이 유럽으로 떠나기 위해 일본인 경찰의 눈을 피해 국경을 넘는 순간 그의 어머니는 영영 다시 못 볼 것 같은 아들 미륵에게 이렇게 말했던 것이다. 문학평론가 고故 김윤식 교수도 이 대목을 가장 감명 깊게 읽었다고 하면서 회고록의 첫 줄부터 끝줄에 이르기까지 "자, 내 아가야. 이젠 혼자서 가라!"라는 이 대목을 자주 강조했다.● 모든 자식은 결국 혼자서 자기만의 길을 가야 한다. 혼자서 자신의 인생길을 걸어가야 한다.

● 김윤식, 『내가 살아온 20세기 문학과 사상: 갈 수 있고, 가야 할 길, 가버린 길』(서울: 문학사상, 2005), 131~137쪽.

아버지에게 소홀했다는 자책

친구 같은 아버지? 좋은 말이기는 하지만 아버지와 자녀가 친구 되기 란 생각보다 어렵다. 사실 자식과 아버지가 친구는 아니지 않는가. 세상 의 모든 아버지가 자식과 친구처럼 지내고 싶었을 텐데, 오죽하면 영조와 사도세자의 관계처럼 극한으로 치닫는 사례가 나왔겠는가? 어떤 이들은 친구 사이로 지내겠지만 원수처럼 지내는 분들도 있다. 둘 사이는 애증이 교차하는 관계가 아닐까 싶다. 딸과 어머니의 관계와 달리 아들과 아버지 의 경우에는 특히 더 그렇다.

KB금융그룹의 기업광고 '아버지' 편(2015)에서는 몰래카메라에 비친 부 자 관계를 섬세하게 묘사했다. 광고가 시작되면 '영유아기 아동학습 발달 영향 분석 조사실'이라는 안내문이 붙은 실험실에서 아빠들이 설문지를 받아들고 생각에 잠겨 있다. 광고 기획자는 아동의 학습 발달에 미치는 아빠의 역할을 조사한다며, 40개월 미만의 자녀를 둔 젊은 아빠들을 실험에 참여시키고 몰래카메라를 설치했다.

"아이의 자는 모습을 지켜본 적이 있으신가요?", "아이에게 사랑한다고 마지막으로 말한 건 언제인가요?", "아이가 제일 좋아하는 음식은 무엇인가요?", "당신 차에, 핸드폰에, 책상 위에, 지갑 속에… 아이의 사진이 몇 장이나 있나요?" 아빠들은 이런 질문이 계속되자 빙그레 웃으며 질문에 응답한다. 마치 세상에서 가장 행복한 아빠들처럼 보인다.

그러다가 화면이 바뀌면서 새 설문지가 그들 앞에 놓인다. "같은 질문에 대상만 바꿔서 다시 설문지를 드렸습니다." 이런 자막 카피가 나오며 광고의 후반부가 이어진다. 앞서의 설문지와 똑같은 흐름이지만 아이에서 아버지로 대상자만 바뀐 설문지를 앞에 놓고 아빠들은 난감해한다. 이제 아빠로서가 아닌 아들 입장에서 설문에 응답해야 했기 때문이다. 응답자들은 한숨만 쉬거나 설문지를 하염없이 바라보며 깊은 생각에 잠기기도 했다. 아빠 입장에서 설문에 응답할 때와는 분위기가 전혀 다르다. 설문 내용은 이렇다.

"아버지에게 사랑한다고 마지막으로 말한 건 언제인가요?", "아버지가 제일 좋아하는 음식은 무엇인가요?", "당신 차에, 핸드폰에, 책상 위에, 지갑 속에… 아버지의 사진이 몇 장이나 있나요?" 어떤 아들은 멍한 표정으로 설문지만 뚫어지게 바라봤고, 어떤 아들은 고개를 숙인 채 생각에 잠겼다. "최근에 아버지를 안아본 적이 있나요?" 이 질문이 나오자 눈시울을 붉히는 아들도 있었다. 이렇게 해서 설문이 끝나나 싶었는데, 참여자 아버지가 보낸 영상 메시지가 실험실의 TV 수상기에서 익숙한 목소리로 흘러나온다.

지금은 우리가 사랑해야 할 시간

제2부 _ 따스하고 아늑한 품속, 가족의 사랑

KB금융그룹의 광고 '아버지' 편(2015)
© KB금융그룹

지금은 우리가 사랑해야 할 시간

"항상 부족한 게 부모 마음 아닐까요?" "못해준 게 많아 너무 미안하다." 갑자기 아버지의 영상 메시지가 나오자 처음에는 놀라기도 하고 반가운 마음에 살짝 웃는 아들도 있었다. 그렇지만 아들들은 이내 눈시울을 붉혔다. 각자의 아버지는 똑같이 미안하다는 말씀을 아들들에게 전했다. 좀 더 가르치지 못해 미안하고, 너무 엄하게 대해 미안하고, 좋은 환경에서 키우지 못해 미안하고, 그냥 늘 미안한 마음뿐이었다며 아버지의 심경을 전했다.

늙으신 아버지의 모습을 영상으로 본 아들들은 참았던 눈물을 쏟아냈다. 아들들은 설문지를 앞에 놓고 그동안 아버지에게 소홀했던 자신을 자책했다. 아버지가 그저 미안하다고만 해서서, 아들들 모두가 묵혀둔 회한의 감정을 한꺼번에 쏟아낸 것이다. 그때 실험실 문이 열리며 아버지가 손주를 안고 들어온다. "어쩌면 당연해서 잊고 지내는 이름, 늘 그 자리에 있기에 무심했던 이름, '사랑합니다'로는 다 채울 수 없는 이름, 곁에 있는 것만으로도 든든함이 하늘같은 그 이름, 아버지. KB는 아버지 그 이름의 든든함을 배웁니다." 이런 카피가 흐르며 광고가 끝난다.

유튜브를 통해 공개된 4분 38초 분량의 동영상 광고는 많은 이의 가슴을 먹먹하게 만들었다. 영상이 1분을 넘기면 건너뛰는 경우가 보통인데 상당히 긴 광고를 끝까지 보는 사람들이 많았다. 돌아가신 아버지가 보고 싶다는 의견을 비롯해 많은 분이 댓글을 달기도 했다. 공개한 지 1개월 만에 1000만 뷰를 넘길 정도로 주목받은 이 광고에서는 몰래카메라 기법을 써서 아버지에 대한 절절한 사랑과 안타까운 마음을 전달했다.

친구 같은 아버지라면 어떻고 애증이 교차하는 아버지라면 또 어떤가.

아버지는 그냥 아버지다. 자식과 친구가 돼보려고 억지로 애쓰는 아버지들을 보면 안타깝다. 친구 같은 아버지가 반드시 좋은 아버지라고 단정하기도 어렵다. 친구가 아니더라도 얼마든지 좋은 아버지가 될 수 있다. 자식에게 미안한 마음을 느끼는 아버지는 최소한 좋은 아버지가 되려고 노력하는 아버지다. 자신의 실수나 잘못을 자식 앞에서 인정하는 아버지는 그래도 꼰대라고 할 수 없는 아버지다. 자식의 울타리가 되겠다며 다짐하는 아버지는 적어도 책임감 있는 아버지다.

늘 그 자리에 계시기에 자식이 아버지에게 무심한 것은 어쩌면 당연하다. 그렇더라도 자식에게 섭섭해할 아버지는 아마 없으리라. 내리사랑은 있어도 치사랑은 없다는 속담을 세상의 모든 아버지도 알고 있을 테니까. 예전에는 효도孝道를 강조했다. 하지만 자식이 효도라는 말에서 의무감이나 부담감을 느낀다면 이 말을 쓰지 않아도 된다. 갑자기 친구가 보고 싶을 때가 있듯이, 불현듯 부모님 생각이 날 때마다 찾아뵈면 된다. 그런 사이가 좋을 것 같다. 가서, 자식의 앞날을 염려하며 살아오신 아버지에게 감사와 사랑을 표현해 보자. 나도 아버지를 찾아뵙고 사랑했었다고 고백하며 눈물을 쏟고 싶다. 하지만 지금은 이 세상에 안 계신다. 아, 사랑하는 아버지.

세상에
완벽한 엄마는 없다

엄마 없이 세상에 나올 수 있는 자식은 없다. 엄마 입장에서는 자식 키우는 일이 결코 만만하지 않다. 엄마라면 모두가 완벽한 엄마를 꿈꾸겠지만 그 또한 쉽지 않다. 여성은 출산 직후에 자기 삶에서 가장 놀라운 변화를 겪는다. 엄마의 모성애를 먹고 큰 여성이 갓 태어난 분신을 보며 처음으로 자기 안의 모성을 발견하게 된다. 그렇지만 걱정이 이만저만이 아닐 것이다. 갑자기 좋은 엄마나 완벽한 엄마가 될 수는 없으리라 생각할 테니까.

유니레버Unilever는 아기용 도브Baby Dove 비누를 활성화하기 위해 '엄마의 실제 모습이 아름답다Beautifully Real Moms' 캠페인(2018)을 캐나다에서 전개했다. 세상에 완벽한 엄마란 존재하지 않는다는 메시지를 전하기 위해서였다. 미국의 생활용품회사 유니레버는 1990년에 도브를 출시했지만 시장에서 피엔지P&G 오레이Olay의 기세에 눌려 있었다. 도브는 10년 동안이나 캐나다 시장에 투자했지만 베이비 브랜드로 시장점유율 63.7%를 차지하던 존슨앤존슨Johnson & Johnson과 경쟁해야 했고, 시장점유율은 고작 5.6%에 머물러 있었다. 저자극성 프리미엄 제품인 아기용 도브는 70%나 비쌌던 탓에 가격도 시장 점유율에 영향을 미쳤다.

광고회사 오길비의 토론토 지사에서는 이 문제를 풀어보기로 했다. 소셜 미디어에 올라온 육아 사진들은 완벽한 엄마 이미지로 가득했다. 예쁜 아기를 돌보는 완벽한 엄마 모습이 담긴 사진들은 갓난애를 키우는 밀레니엄 세대의 엄마들에게 스트레스로 작용했다. 사진의 영향에 대해 분석하자 놀라운 결과가 나타났다. 응답자의 99%가 완벽한 엄마가 돼야 한다는 강박감을 느끼고 있었고, 84%가 완벽한 엄마라는 고정관념에 불만을 나타냈으며, 75%는 아기 문제에 즉각 대처하지 못했다고 자책했고, 오직 26%만이 자신이 완벽한 엄마라고 생각하고 있었다.

종합하면 엄마들은 엄마로서 완벽해야 한다는 강박에 시달려 스스로를 무능하다고 생각하거나 산후 우울증을 심하게 겪기도 했다. 유니레버는 이런 문제에 주목해 1~2세의 아기가 있는 밀레니엄 세대의 엄마 110만여 명을 대상으로 소셜 캠페인을 전개하기로 했다. 매출액 75% 증가, 시장점유율 9% 확보, 존슨앤존슨과의 인지도 격차 24%와 구매 의도 격차 20%를 5% 이내로 감소, 이 세 가지가 캠페인을 시작하기 전에 세웠던 목표였다. 지난 2004년부터 '진정한 아름다움' 캠페인을 전개해 온 도브는 아기용 도브를 알리기 위해 주제를 바꿔 '엄마의 실제 모습이 아름답다'는 새로운 캠페인을 시작했다.

도브의 '진정한 아름다움' 캠페인은 헐리웃 스타들의 긴 금발 머리를 동경하는 여성들에게 자신의 머리를 사랑하자는 '가발을 던지자Flip your Wig' 편(2005), 각자가 생각하는 아름다움이란 누가 알려준 것에 불과하다며 수천만의 캐나다 사람들을 감동시킨 '진화Evolution' 편(2006), 아름다움에 대한 판단을 남에게 맡기지 말고 스스로 판단하라는 '아름다운 선택Choose Beautiful' 편(2015)으로 이어졌다.[*] 그리고 다시 '엄마의 실제 모습이 아름답다' 캠페인(2018)으로 도브는 한 번 더 도약했다. 세상에서 완벽한 엄마란 없고 현실의 엄마만 있을 뿐이라는 콘셉트에 따라 불완전하지만 아름다운 엄마의 모습을 표현했다. 완벽한 엄마에 대한 부담감을 없애자는 취지였다.

캠페인을 진행하기 위해 퓰리처상을 받았던 린시 아다리오Lynsey Addario 와 아미 비탈레Ami Vitale를 포함해 여성 사진기자 세 명이 프로젝트에 참여했다. 기자들은 엄마 여섯 명이 아이를 키우며 지지고 볶고 살아가는 있는 그대로의 일상생활을 사흘 밤낮에 걸쳐 촬영했다. 소셜 미디어에 올라온 사진과 달리 불완전한 모성의 다양한 모습이 포착됐다. 기자들이 찍은 1만여 장의 사진에서 120장을 골라 온라인의 '리얼 맘Real Moms' 갤러리에 전시했다. 엄마의 일상생활은 물론 지저분한 장면까지 있는 그대로 보여주는 사진이었다. 도발적인 사진도 있었다.

캠페인에 대한 반응은 폭발적이었다. 캠페인에 참여한 여섯 명의 엄마

• Angela Celebre and Ashley Waggoner, "The Good, the Bad, and the Ugly of the Dove Campaign for Real Beauty," *In-Mind Issue*, No.19(2014). http://www.in-mind.org/article/ the-good-the-bad-and-the-ugly-of-the-dove-campaign-for-real-beauty

도브의 캠페인 '엄마의 실제 모습이 아름답다' 편(2018)
© Unilever

지금은 우리가 사랑해야 할 시간

말고도 누구나 '#BeautifullyRealMoms'라는 해시태그를 달아 자기 사진을 게시하도록 했다. 엄마의 실제 모습을 담은 많은 사진이 올라왔다. 불안해하던 엄마들이 자신감 있게 캠페인에 참여한 것이다. 엄마들은 사진 갤러리를 방문하라며 서로를 초대하기도 했다. 다른 엄마의 실제 모습을 포스팅 하며 엄마들끼리 수다를 떨면서 열띤 토론을 전개하기도 했다. 이 캠페인에 직간접적으로 참여한 엄마들은 완벽하지는 않지만 좋은 엄마는 될 수 있다는 자신감을 얻었다.

리얼 맘 갤러리에는 14만 회 이상의 방문 기록을 남겨 목표의 두 배 이상을 초과했다. 갤러리의 방문 시간도 8분 이상으로 웹페이지에 머무는 평균 시간보다 76%나 높았다. 소셜 게시물에 대한 평균 참여율은 7%로 평균의 5%를 초과했다. 소셜 캠페인의 실질적 효과도 놀라웠다. 전년에 비해 매출액이 85%나 늘어나 목표의 10%를 초과 달성했고 프리미엄 가격임을 감안해도 매출액이 15%나 증가한 결과였다. 경쟁사의 시장점유율은 정체됐지만 베이비 도브는 이전보다 4.7%가 늘어 전체 시장점유율의 10.3%를 차지했다. 나아가 이 캠페인은 2018 영국 D&AD 광고제에서 우드 펜슬Wood Pencil(동상)을, 마케팅 효과에 기여한 캠페인을 평가하는 에피 어워드effie awards 2019 캐나다에서 동상을 수상했다.

이 캠페인을 전개하며 도브는 좋은 엄마가 되는 데 옳고 그른 방법은 없다고 강조했다. 엄마의 실제 모습이 아름답다는 폭발적인 반응을 바탕으로 유니레버의 '진정한 아름다움' 캠페인은 도약의 발판을 다시 마련했다. 이 캠페인은 한 번도 경험해 보지 못했기에 완벽하지는 못하지만 엄마의 실제 모습이 얼마나 아름다운지 보여주었다. 완벽한 엄마란 없고 어떤 어려운 상황에서도 자기 방식으로 육아를 감당하는 엄마의 진정한 면모만 있다는 것. 모성애의 다양성을 다각도로 조명함으로써 완벽한 엄마라는 잘못된 허상을 비판했다. 현실의 생활 세계를 살아가는 엄마들을 위한 메시지였다. 엄마들은 잊고 있던 모성 본능을 다시 되찾았다.

우리나라의 상황도 예외는 아니어서 소셜 미디어에는 완벽한 엄마들의 사진이 자주 올라온다고 한다. 그렇게 하지 못한 엄마들은 속상할 때도 많았으리라. 카카오톡, 페이스북, 인스타그램에 올라온 다른 엄마들의 사진들을 보고 자신만 좋은 엄마가 되지 못한다고 자책하며 불행하다고 느끼는 '카페인' 우울증도 겪었을 수 있다. 그렇지만 완벽한 엄마란 없고, 자기 방식으로 정성껏 아기를 키우는 아름다운 엄마만 있을 뿐이다. 이를 가리켜 심리학에서는 '충분히 좋은 엄마the good enough mother'•라고 한다. 영국의 소아과 의사이자 정신분석학자인 도널드 위니캇D. W. Winnicott이 저서에서 제시했던 엄마에 대한 개념이다. 그러니 더 이상 스트레스를 받지 말자. 엄마로서의 자신감이 더 중요하다. 완벽한 엄마 증후군은 사라지고 모성 본능만 남기를 바란다.

•   Marilyn Wedge, "What Is a Good Enough Mother?," *Psychology Today*, May 3, 2016. https://www.psychologytoday.com/us/blog/suffer-the-children/201605/what-is-good-enough-mother

자식들에게
엄마란 무엇인가

    엄마란 누구인가? 엄마란 어떤 존재인가? 이렇게 묻는 것이 우리말 어법에 맞는 표현이다. 올바른 어법을 알면서도 '엄마란 무엇인가?'라고 쓰는 이유는 엄마라는 존재를 대상화시켜 엄마의 역할을 좀 더 구체적으로 알아보기 위해서이다. 자동차란 무엇인가? 음식이란 무엇인가? 공부란 무엇인가? 이처럼 물어야 자격으로서의 누구who가 아닌, 가치로서의 그 무엇what이 좀 더 선명하게 드러나기 때문이다.

    동화약품 후시딘의 인쇄 광고 '아이를 위한 엄마의 마음' 편(2019)에서는 엄마의 자격(누구인가)을 넘어 엄마의 가치(무엇인가)를 생각해 보게 한다. 이 광고에서는 자녀에게 해주고 싶은 엄마의 속마음을 전달했다. 후시딘은 1980년에 출시된 이후 40여 년간 꾸준히 사랑받아 온 상처 치료제다. 광고에서는 상처 없이 아이를 키우고 싶은 엄마의 마음을 상처 치료제의 혜택으로 풀어냈다. 아이에게 상처가 생기더라도 빨리 낫게 하고픈 엄마의 마음을 동물이 새끼를 돌보는 모정에 빗대 표현했다.

광고에서는 아이가 크는 과정에서 엄마가 느낄 마음을 열 개의 시리즈로 구성했다. 캠페인의 시작을 알린 제1편(북극곰)에서는 "작고 어린 네가 언젠간…"이라는 헤드라인으로 엄마 북극곰의 마음을 전달했다. 이어지는 보디카피는 이렇다. "엄마의 몸보다 더 커지고/ 엄마의 걸음보다 더 빨라지고/ 엄마의 품보다 더 큰 세상에 나아간대도/ 항상 지켜주고 싶은 엄마의 마음/ 후시딘이 함께합니다." 혹한의 북극에서 커다란 덩치로 새끼 곰을 감싸고 있는 엄마 곰의 마음이 그대로 전해지는 것 같다. 제2편(펭귄)에서는 "엄마의 품을 떠나 너의 길을 가려 할 때"라는 헤드라인을 써서, 상처 없이 키우고 싶은 엄마 펭귄의 마음을 전달했다. 제3편(바다코끼리)에서는 "엄마가 늘 여기 있을게"라는 헤드라인을 써서, 항상 곁에 있고 싶은 엄마 바다코끼리의 마음을 전달했다.

제4편(해달)에서는 "너의 엄마라서 참 다행이야"라는 헤드라인을 바탕으로, 언제까지나 함께 하고 싶은 엄마 해달海獺(수달과 비슷하게 생긴 바다족제비)의 마음을 전달했다. 제5편(벨루가)에서는 "엄마도 엄마는 처음이니까"라는 헤드라인에 이어 엄마 벨루가(흰 돌고래)의 마음을 전달했다. 보디카피는 다음과 같다. "너에게 뭐든 해주고 싶지만 처음이라 아직 서투른 나/ 비록 초보 엄마지만 사랑하는 마음만큼은 결코 초보가 아니기에/ 하루하루 너를 사랑하는 만큼 엄마가 더 노력할게/ 무엇이든 해주고 싶은 엄마의 마음/ 후시딘이 함께합니다." 여기에서 "엄마도 엄마는 처음이니까"라는 카피는 모든 초보 엄마가 공감할 수 있는 진솔한 고백이다. 아이가 울음을 그치지 않는 것도 모두 자기 탓으로 돌렸던 시절을 떠올리게 하

후시딘 광고 '아이를 위한 엄마의 마음' 편 시리즈(2019)
© 동화약품

제2부 _ 따스하고 아늑한 품속, 가족의 사랑

후시딘 광고 '아이를 위한 엄마의 마음' 편 시리즈(2019)
© 동화약품

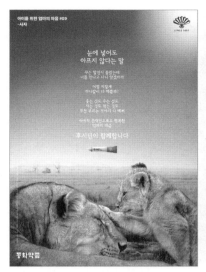

후시딘의 광고 '아이를 위한 엄마의 마음' 편 시리즈(2019)
© 동화약품

는 공감할 수 있는 카피다.

　제6편(기린)에서는 "엄마가 왜 그랬을까?"라는 헤드라인을 바탕으로, 항상 미안하고 항상 고마운 엄마 기린의 마음을 전달했다. 제7편(코끼리)에서는 "누굴 닮았길래"라는 헤드라인과 보디카피를 통해 누구보다 좋은 엄마가 되고픈 엄마 코끼리의 마음을 전달했다. 제8편(오리)에서는 "엄마라고 불리기까지"라는 헤드라인을 써서, 아이로 인해 엄마가 되어가는 그 시간들이 모두 소중하고 감사하다는 세상 모든 엄마의 마음을 담아 아이에게 전하고 싶은 엄마 오리의 마음을 전달했다. 제9편(사자)에서는 "눈에 넣어도 아프지 않다는 말"이라는 헤드라인에 이어, 아이의 존재만으로도 행복한 엄마 사자의 마음을 전달했다. 제10편(곰)에서는 "너의 1호 팬으로

부터"라는 강력한 헤드라인을 부각시키며, 아이만 봐도 행복해지는 엄마
곰의 행복한 마음을 전달했다.

방송 프로그램 〈동물의 왕국〉을 보면 새끼를 지키기 위해 목숨까지 던
지는 엄마의 희생이 눈물겨울 정도였다. 사람에게 결코 뒤지지 않는 동물
의 강인한 모성 본능을, 그리고 생명체의 위대한 저력은 모정母情이란 걸
느낄 수 있었다. 광고에서는 아이를 위한 엄마의 마음 열 가지를 제시했
다. 항상 지켜주고 싶은 마음(북극곰), 상처 없이 키우고 싶은 마음(펭귄),
항상 곁에 있고 싶은 마음(바다코끼리), 언제까지나 함께 하고 싶은 마음(해
달), 무엇이든 해주고 싶은 마음(벨루가), 항상 미안하고 항상 고마운 마음
(기린), 누구보다 좋은 엄마가 되고픈 마음(코끼리), 아이로 인해 엄마가 되
어가는 그 시간들이 모두 소중하고 감사하다는 마음(오리), 아이의 존재
만으로도 행복한 마음(사자), 아이만 봐도 행복해지는 마음(곰)이 그것이
다. 사람 엄마들이 자식을 키우며 느꼈을 법한 열 가지 감정을 오롯이 표
현했다.

공감을 유발하는 광고 메시지의 저력은 의인법에서 나왔다. 의인법擬人
法이란 무생물에 생명을 불어넣거나 동물을 사람에 비유해 표현하는 수사
법이다. 시나 소설에서 자주 쓰이는 의인법은 광고에서도 상품에 인격을
부여하는 수단으로 널리 활용됐다.* 말 못하는 동물이지만 엄마가 새끼
를 보살피는 사진에 엄마가 아이에게 쓴 편지 형식을 적용했다. 그래서
현대판 『이솝우화』라 할 만한 광고들이다. '아이를 위한 엄마의 마음' 편

---

* 　　김병희, 『광고카피창작론: 기본원리 편』(파주: 나남출판, 2007).

은 여러 신문사의 광고대상을 비롯해 한국광고주협회가 주관하는 '2020 국민이 선택한 좋은 광고상'(제28회) 인쇄 부문에서 '좋은 광고상'을 수상했을 정도로 호평을 받았다.

2020년 9월 14일, 인천 미추홀구 빌라에서 엄마가 집을 비운 사이에 라면을 끓여 먹으려다 발생한 화재로 중상을 입은 초등학생 형제의 사고 소식은 너무 안타까웠다. 엄마는 전날 저녁부터 형제만 남겨둔 채 집을 비웠다고 한다. 그 밖에도 엄마가 아이를 돌보지 않아 발생하는 사건 사고가 너무 많다. 동물도 새끼를 방치하지 않는데 사람이 그러면 어쩌자는 말인가. 엄마의 존재를 대상화시켜 다시 묻는다. 엄마란 무엇인가? 자식들에게 엄마란 가장 안전한 사랑의 안식처다. 그렇기에 힘들 때면 언제든지 엄마 사랑의 문을 따고 들어오라며, 엄마는 늘 자식 손에 열쇠를 맡겨놓는 법이다.

더러운 것도
아이에게 좋다

봄, 여름, 가을, 겨울. 계절이 바뀌어도 밖에서 노는 아이들이 보이지 않는다. 아파트에 어린이 놀이터가 있지만 아이들은 보이지 않는다. 다들 집 안에서 디지털 기기를 매만지고 있을지 모르겠다. 어쩌다 며칠에 한 번 미끄럼틀을 타거나 모래성을 쌓으며 노는 아이들이 있어 반갑고 대견하다. 아이들이 밖에서 놀다 보면 옷에 흙이 묻고 더러워지는 것은 당연한 일이다. 엄마들은 어디서 그렇게 옷을 더럽혔느냐며 눈을 흘기겠지만 절대로 혼낼 일이 아니다. 오히려 칭찬해 줘야 한다.

영국 유니레버 그룹의 세제 브랜드인 오모OMO의 시리즈 광고(2012)에서는 아이들은 밖에서 커야 한다는 사실을 알려주었다. 시리즈 광고는 모두 같은 형식을 유지하고 있다. 밖에서 아이들이 놀고 있는 사진 한 장을 크게 보여주었다. 사진에 나오는 아이들의 셔츠에 박음질 된 문구를 카피처럼 배치했지만, 자세히 봐야 의미를 알 수 있도록 자연스럽게 처리했다.

사진 아래쪽에 오모OMO라는 브랜드 로고와 "더러운 것이 좋다Dirt is good" 라는 슬로건을 공통적으로 썼다.

언뜻 보면 세제 광고와 어울리지 않는 카피 같다. 더러워지는 것이 좋 다니, 설명이 안 된다. 세제 광고에서는 보통 깨끗함과 청결함을 강조한 다. 그런데 이 광고에서는 그렇게 접근하지 않았다. 아이들은 밖에서 마 음껏 뛰어놀며 자라기 때문에, 놀다 보면 당연히 옷이 더러워지게 마련이 다. 그러니까 깨끗한 것만 좋은 게 아니라 더러운 것도 아이에게 좋다는 뜻이다. 오모로 빨면 되니까 옷에 때가 묻는 것을 걱정하지 않아도 된다 는 메시지다. 세탁력이 좋다는 소비자 혜택을 우회적으로 표현했다.

'진흙 놀이' 편을 보면 아이의 손이 진흙으로 뒤범벅돼 있다. 아이는 물 가의 개펄에서 놀고 있는 중이다. 옷의 여기저기에 진흙이 잔뜩 묻어 있 다. 옷에는 이런 문구가 쓰여 있다. "진흙은 카펫이 할 수 있는 것보다 더 많은 것을 가르쳐준다Mud teaches more than carpet ever could." 엄마는 옷을 그냥 세탁기에 넣으면 안 되고 진흙을 털고 주물럭주물럭 빨아낸 다음 세탁기 에 넣어야 할 것 같다. 옷을 더럽혔다며 아이를 나무라지 말고 기쁜 마음 으로. 진흙 뒤범벅된 옷은 아이에게 좋은 거니까.

'자전거 타기' 편에서는 용기를 강조했다. 꼬마가 자전거를 타다 흙길에 서 넘어진 듯하다. 얼굴이 다 보이지 않아 꼬마의 표정은 알 수 없지만 팔 보호대를 착용한 걸로 봐서 다치지는 않은 것 같다. 밖에서 얼마나 쏘다녔 는지 옷 군데군데에 지저분한 것들이 잔뜩 묻어 있다. "용기는 텔레비전 앞에서 배울 수 없다Bravery isn't learnt in front of the telly." 옷에 쓰인 문구가 감 동적이다. 옷을 빨려면 엄마가 꽤나 수고하겠지만 기쁘게 빨래할 것 같다.

오모의 광고 '진흙 놀이' 편(2012)
© Unilever

오모의 광고 '자전거 타기' 편(2012)
© Unilever

오모의 광고 '술래잡기' 편(2012)
© Unilever

지저분한 것들이 어른의 눈에는 더럽게 보여도 아이에게는 좋은 거니까.

'술래잡기' 편에서는 소년과 소년이 아름드리나무 뒤에 숨어 있고 술래
를 맡은 친구가 숨어 있는 쪽으로 다가오고 있다. 쉿! 소녀는 친구에게 조
용히 하라며 신호를 보낸다. 사진 한 장이 어른들을 동심의 세계로 안내
한다. 소녀의 노란 옷에는 얼룩이 묻어 있고, 얼마나 급하게 뛰었는지 소
년의 옷은 흠뻑 젖어 있다. 아이들이 집에 돌아오면 엄마는 어디서 이렇
게 옷을 더럽혀왔느냐며 짐짓 나무라겠지만 기쁜 마음으로 빨래할 것 같
다. 옷에 묻은 땀이나 얼룩은 아이가 건강하게 자라고 있다는 좋은 증거
이니까.

오모의 광고 '우주선' 편(2012)
© Unilever

오모의 광고 '휴식' 편(2012)
© Unilever

　영국 광고와는 달리 싱가포르에서 집행된 오모 광고는 다른 스타일로 제작됐다. "더러운 것이 좋다"는 카피는 그대로 유지했지만, 사진은 아이들이 흙모래 장난을 하고 노는 다른 분위기의 사진을 활용했다. '우주선' 편에서는 소년이 흙모래로 만든 우주의 행성과 우주선 모습이 한눈에 들어온다. 소년은 우주인처럼 우주복을 입고 자신이 만든 흙모래 작품 위에 누워 있다. 이 장면을 사진으로 찍었더니 소년이 마치 우주 공간에 떠 있는 것 같다. 엄마는 역시 즐거운 마음으로 빨래해야 할 것 같다.

　'휴식' 편을 보면 흙모래로 잎이 무성한 나무를 만들었다. 과일도 대롱대롱 매달려 있다. 사람이 쉬어갈 의자도 만들었다. 도로 주변에 펜스도 보인다. 소녀가 의자에 앉자 마치 나무 그늘에서 쉬고 있는 것 같다. 광고의 아래쪽에는 오모라는 브랜드 이름과 "더러운 것이 좋다"는 슬로건까지 모래로 섬세하게 표현했다. 그래픽으로 합성한 이미지가 아니라, 아이들이 흙모래를 실제로 조각해서 만든 그대로를 사진으로 찍은 것이다. 엄마는 흙모래에서 놀고 돌아온 아이의 옷을 빨면서 콧노래를 부를 것 같다.

　세제 광고에서는 보통 때를 빼서 깨끗해지는 과정을 보여주지만, 오모 광고에서는 여느 세제 광고와는 달리 더러운 것이 아이에게 좋다고 했다. 설득 방법이 다르다. 가장 힘든 빨랫감은 진흙을 묻혀온 자녀들의 옷이리라. 하지만 아이들의 옷이 아무리 더러워져도 오모 세제로 빨면 깨끗해지니까 세탁 걱정을 하지 말고, 아이들이 밖에서 더 많이 뛰어놀게 하라는 메시지를 광고에서 전달했다. 광고에서는 뛰어난 세탁 성능이 아이들이 밖에서 뛰어놀도록 도와준다는 가치를 전달했다. 좋은 세제가 필요한 이유를 재치 있게 표현한 이 광고는 2012년 칸 국제광고제의 언론 부문에서 은상을 수상했다. 상업 광고이면서도 공익성 메시지를 전달한 점은 이 광고의 또 다른 매력이다.

아동 건강 전문가들은 경험 학습과 야외 놀이가 어린이의 학습과 발달에 필수적이라고 주장한다. 맞는 말이다. 아이들은 밖에서 노는 시간을 많이 가져야 한다. 밖에서 크는 아이들은 옷을 더럽히는 과정을 거치며 성장하게 된다. 옷에 흙 묻는 것을 걱정하고 흙 만지기를 꺼린다면 아이들은 많은 것을 체험할 기회를 잃는다. 요즘 놀이터에는 흙 대신 재생고무가 깔려 있는데 아쉽다. 흙보다 안전하고 위생상 깨끗하다는 이유로 재생고무를 깔았겠지만 옳은 선택이라 인정하고 싶지 않다.

재생고무 위에서보다 흙에서 노는 아이들이 더 구체적으로 체험할 가능성이 높다. 흙모래든 재생고무든 아이들이 집 안에서 디지털 기기만 만지작거리지 말고 어쨌든 밖에서 놀게 해야 한다. 광고에 나오는 옷에 쓰인 문구처럼 용기는 텔레비전 앞에서 배울 수 없기 때문이다. 아이들은 밖에서 커야 한다. 어느 순간 쑥쑥 자라 있을 것이다. 아이들을 밖에서 놀게 하는 것이 부모의 속 깊은 사랑이다.

사랑은
몇 년 동안 유효할까

연인이나 부부가 함께 보낸 시간이 오래되면 감정이 식어가는 순간이 다가올 수 있다. 사랑에도 유효기간이 있는 것일까? 이탈리아 파비아 대학교의 엔조 에마누엘레 박사 팀은 열렬한 연애를 시작한 18~31세의 남녀 58명과 싱글 남녀들의 내분비 물질을 비교한 결과, 사랑에 빠진 남녀의 몸에서는 신경성장요소Nerve Growth Factor: NGF라 불리는 화학 물질이 활발하게 분비돼 황홀경을 헤매게 된다는 사실을 발견했다. 그런데 이 화학 물질의 효력이 1년밖에 지속되지 않는다니 안타까운 일이다.* 결혼하면 사랑보다 정으로 살고 정도 없으면 마지못해 산다는 말도 있다.

살다 보면 남성에게는 권태기가 스며들고 여성에게는 갱년기가 찾아오기도 한다. 이렇게 되면 남녀 모두가 일상생활에서 활력을 잃게 된다. 부

---

*   연합뉴스, "연애 감정 화학물질 유효기간 1년", 연합뉴스, 2005년 11월 28일 자.

부가 되어 오래 살다 보면 서로가 자식을 매개로 관계를 유지하는 느슨한 동반자가 되기 쉽다. 사정이 이런데도 활력을 되찾아 서로서로 사랑의 감정을 느껴보라며 '다시, 여자'와 '다시, 남자'를 강조하는 광고가 있다. 내내 겨울처럼 지내지 말고 겨울의 끝에서 새봄을 맞는 부부가 되라고 권고했다.

㈜지씨바이오의 참다한 홍삼의 광고 '도원결의' 편(2019)이 시작되면 곧바로 복숭아꽃이 만발한 과수원에 부부가 등장하며 "복숭아나무 아래에서 아내와 남편은 굳게 맹세했다"라는 내레이션이 흐른다. 어디선가 본 듯한 익숙한 장면이다. 복사꽃이 만발한 동산에서 유비, 관우, 장비가 검은 소와 흰 말을 잡아 제사를 지내고 도원결의桃園結義를 맺는 『삼국지연의』의 시작 부분을 패러디했다. 어떤 맹세인가 싶어 1초쯤 기다리자 "형제가 되기로" 했다는 자막과 내레이션이 동시에 흘러나온다. 부부가 형제가 되기로 했다니 무슨 말인가 싶다. 자막 끝 부분에는 낙관도 찍혀 있다.

부부가 비장한 표정으로 두 손 맞잡고 깍지 끼며 맹세하는 대목에서는 도저히 웃음을 참을 수 없다. 그 순간 광고 모델 고현정 씨가 등장해 "의리로 살아가는 모든 부부에게" 참다한 홍삼을 권유한다. 복숭아나무 아래에 앉아 주거니 받거니 홍삼 스틱을 먹는 부부가 천진난만해 보인다. "다시 여자, 다시 남자. 참다한 홍삼"이라는 내레이션과 함께 광고가 끝난다. 시들해진 부부 사이를 형제 관계로 비유해 능청스럽게 표현했다. 젊음을 되찾아준다는 의미를 진지하게 전달하지 않고, "다시, 여자"와 "다시, 남자"라는 짧은 카피로 묘사한 소비자 통찰력이 돋보이는 광고였다.

이어지는 '우정호' 편(2019)에서는 오래된 부부는 사랑보다 우정으로 살

참다한 홍삼의 광고 '도원결의' 편 (2019)
© ㈜지씨바이오

제2부 _ 따스하고 아늑한 품속, 가족의 사랑

아간다고 하면서 웃음을 유발하고 있다. 부부가 함께 배에 짐을 싣는 장면에서 광고가 시작된다. 부부가 힘들게 일하고 있는 와중에 광고 카피가 내레이션으로 흐른다. "남자와 여자는 결혼하면서 한 배를 타게 된다." 엄청난 비가 퍼붓고 있는데도 부부는 비옷을 입은 채 합심해서 작업을 계속하다 배에 오른다. 무슨 배를 타는가 싶었더니 "우정이라는 배"에 올라타고 있다. 짐을 다 실은 부부가 배에 오르자 '우정호Friendship'라는 배 이름이 부각되는데, 이 대목에서 우리는 다시 한번 웃지 않을 수 없다.

배 이름이 우정호라니? 여기에도 깨알 재미가 담겨 있다. 그 순간 광고 모델 고현정 씨가 다시 등장해 "우정으로 살아가는 모든 부부에게" 참다한 홍삼을 적극적으로 권유했다. 부부는 마치 영화 〈타이타닉〉의 주인공이라도 되었다는 듯 뱃머리에 서서 포옹하며 함께 홍삼 스틱을 먹는다. "다시 여자, 다시 남자. 참다한 홍삼"이라는 내레이션이 나오며 광고가 끝난다. 부부 사이를 친구로 비유한 접근 방법은 일찍이 볼 수 없던 흥미로운 아이디어다. 결혼해서 중년에 이른 부부들이 대체로 공감할 수 있는 소재를 일부러 신파 느낌으로 만들어 B급 감성에 호소한 유머 광고였다.

홍삼은 건강 보조 식품이라 보통 효능을 직접 강조하는 경우가 많다. 그런데 이 광고에서는 효능을 직접 강조하지 않았다. 부부 관계란 형제 관계이며 부부란 애정 아닌 우정으로 살아간다는 말을 듣는 순간, 시들해진 부부들은 지그시 웃으면서도 그 솔직한 위트에 공감했을 것이다. 결혼 생활을 오래한 부부들은 처음의 풋풋한 마음이 사라진 상태에서 살아간다고 흔히들 말하는데, 광고 창작자들은 그 부분을 예리하게 포착해 냈다.

결혼정보회사 듀오가 미혼 남녀를 대상으로 설문 조사를 실시한 결과,

참다한 홍삼의 광고 '우정호' 편(2019)
ⓒ ㈜지씨바이오

사랑의 유효기간이 남성은 평균 10.8개월이고 여성은 14.3개월로 나타나 대략 3.5개월 정도의 차이가 났다.* 〈사랑 유효기간〉이라는 대만과 중국 드라마도 있었다. 사토 다쓰야サトウタツヤ와 와타나베 요시유키渡邊芳之가 공저한 『처음 만나는 심리학心理學 入門 心理學はこんなに面白い』(2012)에서는 모든 사랑이 3년 안에 끝나버린다고 주장해 눈길을 끌었다.** 이탈리아 과학자를 비롯한 여러 견해를 종합하면 사랑의 유효기간이 1~3년쯤 되는 듯하다.

하지만 왕가위 감독은 〈중경삼림重慶森林〉(1994)에서 배우의 입을 빌려 "사랑에도 유효기간이 있다면 나의 사랑은 만 년으로 하고 싶어"라는 명대사를 남겼다. 우리나라의 영화 〈봄날은 간다〉(2001)에서도 유지태 씨가 이영애 씨를 향해 "어떻게 사랑이 변하니?"라고 말하는 명장면이 있다. 사랑은 절대 변할 수 없고 사랑에 유효기간이 없다는 메시지를 전하는 감동적인 장면이었다.

프랑스의 소설가 스탕달Stendhal(1783~1842)은 소설 『적과 흑Le Rouge et le Noir』으로 유명하지만, 정작 자신은 이루지 못한 사랑을 추억하며 쓴 『사랑에 대하여De l'amour』(1822)가 자신의 대표작이라고 생각했다. 이 책을 보면 사랑에 대한 스탕달의 이런저런 생각과 아포리즘이 가득 들어차 있다. 스탕달은 이 작품을 쓸 때 몇 줄 쓰다가 울고, 다시 몇 줄 쓰다가 울고, 울기를 반복했다고 한다. 무척 감성적인 사람이었던 그는 이탈리아 피렌체

•　　장연제, "사랑의 유통기한? 남자는 10개월, 그럼 여자는?" ≪동아일보≫, 2019년 4월 3일 자.

••　　사토 다쓰야·와타나베 요시유키, 『처음 만나는 심리학』, 김경원 옮김(서울: 불광출판사, 2012).

에 있는 산타 크로체 성당의 예술 작품을 보고 나오다 무릎에 힘이 빠져 탈진했다고 한다. 이 일화에 따라 어떤 예술 작품을 보고 감격한 나머지 격하게 흥분하거나 환각을 체험하는 증상을 '스탕달 증후군'이라고 한다. 그는 손수 "그는 살았고, 글을 썼으며, 사랑했다"라는 묘비명을 남겼을 정도로, 이루지 못한 사랑을 평생 동안 반추하며 살았다.*

홍삼을 먹는다고 해서 형제 관계에서 부부 관계로, 우정에서 애정으로 되돌아가 다시 뜨거운 연애 감정이 생기지는 않을 것이다. 그렇지만 아닌 줄 알면서도 기운이 없어 보이는 남편이나 갱년기 증상에 시달리는 아내를 위해 홍삼을 선물해 배우자의 가슴을 설레게 한다면, 그것만으로도 이 광고가 우리나라 아저씨들과 아줌마들에게 긍정적인 영향을 미쳤다고 할 수 있지 않을까? 가슴이 설레지 않는다면 그 사랑은 이미 끝난 것일 테니까.

•   김환영, "스탕달, 사랑에 대하여: 백작부인에게 퇴짜 맞고 울다 쓰다 울다 썼다", ≪월간중앙≫, 201908호(2019.7.17.). https://jmagazine.joins.com/monthly/view/327014?msclkid=3eaf3b11b3e511ecb6a9958838eb988c

어버이날에는
무엇을 어떻게

5월 8일, 해마다 어버이날이 다가오면 자식들 마음도 조금씩 분주해진다. 부모님의 애간장을 태우게 하던 자식들도 이날만큼은 순한 양이 되려고 노력할 것이다. 나머지 364일은 '자식의 날'이었으니까. 어버이날을 기념하는 의식은 동서양이 똑같지만, 우리와 달리 서양에서는 어머니의 날과 아버지의 날이 따로 있고 광고 스타일도 다르다. 외국의 어버이날 광고에서 그 차이를 확인해 보자.

터키 이스탄불에 있는 마르마라공원Marmara Park의 신문광고 '자부심' 편(2016)에서는 아빠와 아들의 문자 소통을 광고의 소재로 활용했다. "아들, 어때? 아빠야."하니까 아들이 이렇게 답신한다. "좋아. 아빠라고 말 안 해도 돼. 아빠 번호 아니까." "오케이. 아빠야." 아빠 입장에서 이보다 더 신나는 문자가 있을까? 어쩌다 문자가 와 반가운 마음에 열어보면 "아빠, 엄마 왜 연락 안돼요?"라는 문자를 가장 많이 받는 한국 아빠들 입장에서는

터키 마르마라공원의 광고 '자부심' 편(2016)

터키 마르마라공원의 광고 '사랑' 편(2016)

제2부 _ 따스하고 아늑한 품속, 가족의 사랑

부러워할 만한 상황이다. "아버지임을 늘 자랑스러워하는 모든 아버지를 위해-아버지의 날"이란 카피로 광고를 마무리했다.

이어지는 '사랑' 편(2016)에서도 똑같은 형식으로 공감을 유발했다. 아들이 아빠에게 먼저 문자를 보내온 상황이다. "자기야, 안녕?" 문자를 본 아빠는 아들에게 이렇게 답신한다. "좋아, 내 사랑. 넌?" 아들은 애인에게 보낼 문자를 아빠한테 잘못 보냈음을 뒤늦게 알게 된다. "아빠 미안해요. 잘못 썼네요." "상관없어. 난 바로 썼어." 아빠의 답신이 일품이다. 마찬가지로 "어떤 경우에도 사랑을 보여주는 모든 아버지를 위해-아버지의 날"이라는 카피로 광고를 마무리했다. 이 광고를 본 자식들이 아빠와 함께 공원을 산책하고 싶어지지 않을까?

인도의 여행 사이트 메이크마이트립MakeMyTrip.com의 온라인 광고 '30년 후' 편(2017)에서는 어머니의 날 로고를 광고의 한가운데에 크게 배치하고 어머니와 여행했던 어릴 적 추억을 소환했다. "엄마는 걷기 무서워할 때 제 손을 잡아주셨죠. 30년이 지나 비행기 타기를 머뭇거리는 엄마 손을 제가 잡아드렸죠. 축하해요, 내 첫사랑Celebrating my first love." 나이 든 사람이든 어린 사람이든 모두에게 엄마라는 존재는 기쁨과 사랑의 원천이다. 이 광고에서는 엄마의 날을 여행의 경험으로 연결하면서 각자의 사연을 추억하도록 했다.

벨기에 브뤼셀의 신문에 게재된 칼스버그Carlsberg 맥주 광고 '집에서 한잔' 편(2020)에서는 아버지의 날에 칼스버그 한잔 하라고 권하고 있다. 다들 알다시피 칼스버그 맥주의 슬로건은 "아마도 세상에서 가장 좋은 맥주Probably the best beer in the world"이다. 광고에서는 그 유명한 슬로건을 슬쩍

인도 메이크마이트립의 광고 '30년 후' 편(2017)   벨기에 칼스버그 맥주의 광고 '집에서 한잔' (2020)
© MakeMyTrip   © Carlsberg

비틀어 아버지날에 알맞게 바꿨다. "세상에서 가장 좋은 아빠." 눈여겨볼
대목은 '아마도'를 뺐다는 점이다. 집에서 자녀들과 맥주를 마시는 아빠는
세상에서 가장 행복한 아버지가 될 것이다. 그 순간 집은 '아마도' 세상에
서 가장 멋진 맥줏집이 되지 않겠는가. 이 광고에서는 아빠의 날에도 맥
주 브랜드를 연상하라고 권고했다.

　남아프리카공화국 케이프타운의 신문에 실린 듀렉스Durex 콘돔 광고
'경쟁사 제품' 편(2001)에서는 아버지의 날을 맞이해 자녀가 잉태된 그날을
생각하도록 했다. "경쟁사 제품을 쓰시는 모든 분께: 행복한 아버지의 날
To all those who use our competitors' products: Happy Father's Day." 오로지 카피만 있
는 광고인데 헤드라인을 지면의 한가운데에 배치했다. 다른 회사의 콘돔
을 쓰는 사람들의 아버지날을 축하한다는 말인데, 의역하면 그들의 아버
지가 듀렉스 콘돔을 썼더라면 세상에 태어날 수가 없었다는 뜻이다. 경쟁

남아프리카공화국 듀렉스 콘돔의 광고
'경쟁사 제품' 편(2001)
© Durex

브라질 바이엘 아스피린의 광고 '엄마의
두통' 편(1998)
© Bayer Aspirina

사 제품을 쓰는 고객에게 전하는 메시지 같지만 듀렉스 콘돔의 우월성을
유머러스하게 표현했다.

　브라질 상파울로의 신문에 실린 바이엘 아스피린Bayer Aspirina의 광고
'엄마의 두통' 편(1998)에서도 엄마의 투통과 출생의 비밀을 흥미진진하게
연결시켰다. 어머니날 아침에 광고를 본 사람들은 깜짝 놀라며 고소를 금
치 못했을 것이다. "그날 당신 엄마가 두통을 앓았다면 당신은 존재하지
않았을 것입니다If your mother had a headache that day, you wouldn't exist." 이런 헤
드라인 밑에 아스피린 한 알을 배치하고, 엄마의 날을 축하한다는 카피를
조그맣게 덧붙였다. 아빠와 사랑을 나누던 그날, 엄마가 두통을 앓았다면
당연히 아스피린을 먹었을 테고 임신한 걸 나중에 알더라도 그날 약 먹
던 순간이 떠오르면 아이를 낳지 않았으리라는 뜻이다. 대단한 상상력이

아닐 수 없다.

　나이지리아의 수도 라고스에 있는 광고회사 에스오엔유SO&U에서 만든 자체 광고 '엄마의 비밀 병기' 편(2018)에서는 어머니의 슬리퍼를 소재로 활용해 어머니날 광고를 했다. 아프리카 어머니들은 아이들의 훈육을 담당하는 경우가 많은데, 이때 슬리퍼는 어머니들의 비밀 병기로 쓰였다.● 아프리카 사람들에게 익숙한 추억을 소환한 것이다. 우리나라에서도 엄마에게 혼나지 않으려고 달아나는 자식들에게 엄마가 신발짝을 던지기도 했던 1960~1970년대의 추억을 생각하면 이해할 수 있으리라. 지면 중앙에 슬리퍼를 배치하고 착지 부분, 날개, 핸들 같은 명칭을 붙여 마치 슬리퍼를 비행기처럼 표현했다. 말썽꾸러기 자녀들이 달아날 때면 슬리퍼가 공중으로 날아다녔을 법하니 충분히 이해할 수 있는 설정이다. 지면 아래쪽에는 보디카피를 이렇게 덧붙였다. "모든 엄마가 특별한 무기를 가지고 있었던 시절을 기억하세요? 당신 엄마의 무기는 무엇이었나요?" 자식들을 혼내면서 강인하게 키워낸 어머니의 사랑을 되돌아보게 하는 사랑의 메시지였다.

　어머니의 사랑을 2020년의 케냐 사례에서 다시 한번 되돌아보자. 케냐의 한 어머니가 배고픔에 지친 자녀들이 잠들기를 기다리며 냄비에 '돌'을 끓여 음식이 없다는 사실을 감추려 한 안타까운 사연이 알려졌다. 케냐

● *Campaigns of the World*. "Mother's Secret Weapons: Remember the days when every mum had a special weapon?" March 26, 2018. https://campaignsoftheworld.com/print/mothers-secret-weapons-mothers-day-campaign/

121
제2부 _ 따스하고 아늑한 품속, 가족의 사랑

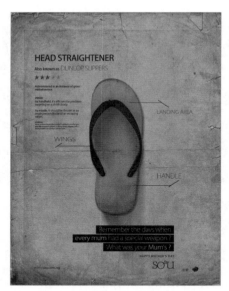

에스오엔유의 광고 '엄마의 비밀 병기' 편(2018)
© SO&U

몸바사에서 홀로 여덟 아이를 키우며 사는 페니나 바하티 킷사오는 남의 빨래를 해주며 생계를 꾸려왔지만, 코로나19 사태로 봉쇄 명령이 내려지자 일거리를 잃었다. 킷사오는 자녀들을 먹일 음식을 구하기 어려워지자 아이들이 지쳐 잠들기를 바라면서 돌을 끓여 식사를 준비하는 시늉을 했다. 아이들도 어쩌면 엄마의 식사 준비가 거짓이란 사실을 알고 있었을 것이다. 그럼에도 그녀는 가진 것이 없었기에 그렇게라도 해서 자녀들을 달래려고 했을 것이다.[*]

---

[*]   김서영, "굶주린 자녀 잠들길 기다리며 돌로 요리 시늉한 케냐 엄마", 연합뉴스, 2020년 5월 1일 자.

이처럼 어버이날 광고 스타일에서도 동서양의 문화적 차이가 상상 이상으로 크다. 우리나라 광고에서는 브랜드의 특성을 어버이날에 연결하지 않고 "감사합니다" 또는 "사랑합니다" 같은 감성적인 메시지를 전하는 데에 치중한다. 브랜드와의 상관성brand relevance을 고려하지 않은 채 상투적인 감사 표현으로 일관하고 있으니 안타깝다. 외국 광고에서는 브랜드 상관성을 고려하려고 고심한 흔적이 엿보인다. 앞으로 우리나라의 어버이날 광고에서도 브랜드 상관성을 고려했으면 싶다. "진자리 마른자리 갈아 뉘시며 손발이 다 닳도록" 고생하신 아버지와 어머니다. 자식들이여! 터키 마르마라 공원의 광고에서처럼 어버이날이 다가오면 자녀들이 먼저 부모님께 문자를 보내며 감사의 마음을 전해야 한다. 지금 바로, 사랑을 전하자.

자식들이 쉬어갈
빈방 하나씩

　도대체 엄마란 어떤 존재인가? 엄마가 없었다면 인류의 역사가 단절됐을 것이다. 우리 모두는 누군가의 작은 선물에는 무척 고마워하면서도, 정작 자신을 낳고 길러준 엄마에 대한 고마움은 망각하는 경우가 많다. 자식에게 늘 사랑을 베풀고 있지만 항상 사랑을 받기만 하는 자식은 엄마의 중요성을 잘 모른다. 사라지고 없어야 비로소 소중함을 느끼는 산소 같은 존재, 이것이 자식 입장에서 보는 엄마가 아닐까 싶다.

　KCC건설의 스위첸 광고 '엄마의 빈방' 편(2019)은 우리가 늘 잊고 있던 엄마란 무엇인가를 되돌아보게 했다. 귀가한 딸이 자기 방문을 닫는 순간 "열일곱, 문을 닫기 시작했다"라는 자막과 내레이션이 나오며 광고가 시작된다. "너, 지각이야. 학교 늦는다고!" 아침부터 엄마의 성화가 대단하다. 엄마는 굳게 닫힌 방문 앞에서 청소기를 돌리고 있다. 야간 자율학습을 마친 딸이 늦게 돌아왔다. "딸, 저녁~." "안 먹어. 나 먹고 왔어." "야~

진작 얘기하지." 딸은 대꾸도 없이 방으로 들어가 불을 꺼버린다.

어느 날에는 딸 친구들이 놀러와 방문을 닫고 수다 떨며 신나게 놀고 있다. 엄마는 먹거리를 챙겨주지만 딸은 접시를 받자마자 바로 방문을 닫아버린다. 엄마는 혼잣말만 한다. "휴~ 뭐가 그렇게 재미들 있는지." 그 순간 흑백 화면에 이런 자막이 떠오른다. "그렇게 문밖에서 기다렸던 사람." 어느 날은 딸이 음악을 크게 틀어놓고 방 안에 있다. 엄마는 반쯤 누운 자세로 방문을 발로 차며 소리친다. "야 소리 줄이라고, 소리 줄이라고! 고3이잖아. 공부해."

대학생이 된 딸이 엄마의 참견에 짜증 내며 제멋대로 행동하자 엄마는 걱정부터 앞선다. "너 문 열어, 대학 갔다고 지 멋대로야 그냥." 하지만 밤 늦게까지 딸이 들어오지 않자 엄마는 안절부절못하며 서성거린다. 어느 날에는 딸이 "이리 오세요" 하며 강아지에게는 문을 열어주면서도 엄마가 말을 붙이려하자 문을 닫아버린다. 딸이 대학 졸업을 앞둔 어느 날에는 엄마가 세탁기에 빨래를 돌렸다. "면접 때 입으려고 새로 산 거란 말이야." 딸은 세탁기에 옷을 잘못 넣었다며 엄마를 향해 쏘아붙인다. "세탁기 돌려도 되는 줄…" 미안해하는 엄마 말이 채 끝나지도 않았는데, 엄마 앞에서 방문은 다시 굳게 닫혀버린다.

딸이 면접시험을 보러 간 날에는 "내 딸 안 뽑으면 뭐 지들 손해지" 하며 애써 태연한 체했지만 걱정이 앞섰다. 딸이 아팠던 어느 날에 엄마는 어디가 어떻게 아픈지 방문 앞에서 물어본다. "약국 문 연 데 있을 거야. 열나고 목만 아파?" 드디어 딸이 취직을 했는지 딸의 물건들이 배송돼 오자 한쪽 다리에 깁스를 한 엄마는 상자들을 방문 앞에 옮기며 이렇게 말한

KCC건설 스위첸의 광고 '엄마의 빈방' 편(2019)
© KCC건설

지금은 우리가 사랑해야 할 시간

다. "월급이 얼마나 된다고, 아주." 배경음악이 흘러나오며 문 앞에 있는 엄마 모습이 계속 등장한다.

엄마는 청소를 하다 멍한 표정으로 딸 방을 바라본다. 딸이 결혼했는지 가족사진 액자가 거실 벽의 왼쪽으로 옮겨지고 결혼사진으로 바뀌어 있다. 엄마는 딸의 텅 빈 방에 들어가 딸이 쓰던 침대에 앉아 홀로 생각에 젖어든다. "자주 놀러온다더니…" 엄마가 허전해하며 혼잣말하는 사이 이런 자막이 나오며 광고가 끝난다. "엄마라는 집에는 비울 수 없는 방이 있습니다."

광고에서는 딸의 성장을 지켜보다 홀로 남게 되는 엄마의 마음을 섬세하게 표현했다. 자식들은 보통 사춘기 무렵부터 방문을 닫기 시작하는데, 딸이 사춘기에 접어든 다음부터 엄마와 딸 사이에서 겪었을 법한 상황을 생생하게 묘사했다. 광고에서 딸은 늘 방문을 닫고 엄마는 늘 문 앞에 서성이는 모습으로 그려진다. 좀처럼 열리지 않는 딸 방의 문을 사이에 두고 벌어지는 엄마와 딸의 일상은 마치 짧은 단편 영화를 보는 것 같다. 시종일관 잔잔한 음악이 흐르며 감성을 자극하는 광고다.

"엄마라는 집에는 비울 수 없는 방이 있습니다." 이 광고에서 전하는 핵심 메시지다. 엄마가 딸의 텅 빈 방을 보고 허전해하는 장면은 세상의 모든 엄마 마음을 보는 것 같다. 문 밖에서 하염없이 기다리는 엄마의 마음은 허전함, 쓸쓸함, 헛헛함 같은 단어만으로는 구체화할 수 없는 그 어떤 감정이리라. 질풍노도의 과정을 이미 거쳐 온 사람들의 마음 호수에 파문을 일으켰을 메시지다. 이제 성숙해진 자식들도 어릴 때는 느끼지 못했을 엄마 마음을 조금이나마 헤아리지 않을까 싶다.

광고의 목적은 아파트 브랜드를 소개하는 데 있었다. 상업적 메시지를 직접 전달하지 않고 '엄마의 빈방'으로 상징적으로 표현했기에 감동의 파장이 더 컸다. 보는 각도에 따라 스위첸 광고에서 전하고자 하는 메시지를 모르겠다거나, 고가의 아파트 광고에서 감성에 호소하는 표현이 광고 효과가 얼마나 있겠느냐며 반문할 수도 있겠다. 하지만 감성적인 호소가 광고 효과가 더 높을 때도 많다. 이 광고는 빅 모델이 등장해서 멋진 실내 구조를 설명하는 여느 아파트 광고들과는 분명히 달랐다.

집을 단순한 건축 구조물로 소개하지 않고, 가족이 생활하는 사랑의 공간에 초점을 맞춰 소개한 접근 방법이 참신했다. 창의성을 인정받은 이 광고는 2019년 대한민국 광고대상의 동영상 광고 부분에서 은상을 받았다. 유튜브 조회 수도 1800만 뷰를 달성했고 댓글 1800여 개가 달릴 정도로 2019년의 인기 광고로 주목받아, 스위첸의 브랜드 가치를 환기하는 데 기여했다. 첨단 기술만 강조하는 아파트 광고의 패턴을 버리고 감성에 호소했기에 사람들의 마음을 사로잡았을 것이다.

"내 방에 들어오지 마!" 자식들은 자주 이렇게들 말하지만 굳이 따지자면 그게 어찌 그들의 방인가? 부모의 돈으로 마련해 준 방이다. 별일 없이 잘 지내느냐는 엄마의 문자에도 "응" 또는 "ㅇㅇ"으로만 답변하는 자식들도 많을 터. 한두 글자 더 쓰면 손마디가 아프기라도 하는 것일까? 소설가 박완서 선생은 에세이집 『빈방』(2006)에서 바람처럼 공기처럼 스며들어 쉬어갈 수 있는 빈방과 같은 사람이 되기를 소망한다고 밝힌 적이 있었다.＊ 세상의 모든 엄마는 자식들이 쉬어갈 빈방 하나씩을 지니고 살아간다. 5월 8일은 어버이날이다. 엄마의 빈방에서 살아가는 자식들이 방문을 자주 열어주면 좋겠다. 어버이날은 하루 행사를 치루는 날이 아니라, 닫힌 마음의 방문을 열겠다고 다짐하는 날이어야 한다.

• 　박완서, 『빈방』(서울: 열림원, 2006).

작은 관심이 큰 기쁨으로,
이웃 사랑

제3부 '작은 관심이 큰 기쁨으로, 이웃 사랑'에서는 자기 사랑에만 지나치게 치중하는 우리 시대의 행태를 비판하며 이웃을 사랑하는 마음이 얼마나 중요한지 강조했다. 봄보다 따듯한 마음으로 이웃을 사랑하는 사람들, 막연한 약속보다 지금의 행동이 중요한 까닭, 스승과 제자의 바람직한 관계, 택배 기사를 배려하는 마음, 밤을 지키는 등대 같은 사람들, 나쁜 말버릇 고치기, 사랑의 바운스, 인공지능에 대한 기대, 치매의 명칭 변경 같은 문제를 소환하며 이웃 사랑의 필요성을 부각시켰다. 작은 관심이 큰 기쁨으로 돌아오는 이웃 사랑의 가치를 책갈피 사이사이에서 발견할 수 있을 것이다.

사람보다
따듯한 봄은 없다

　봄날의 벚꽃은 우리 마음을 설레게 한다. 사람들의 가슴에도 벚꽃이 흩날리지만 국내외 기업에서도 브랜드 마케팅 활동에서 벚꽃을 활용하는 사례가 늘고 있다. 봄날의 상징인 벚꽃을 광고나 제품에 활용하는 벚꽃 마케팅을 적극적으로 전개하고 있는 것이다. 봄에 피는 벚꽃을 활용하면 사람들이 느끼는 봄날의 설레는 정서를 제품 이미지로 고스란히 연계할 수 있기 때문이다.

　벚꽃의 나라인 일본 광고부터 살펴보자. 일본 코카콜라의 광고 '벚꽃' 편(2019)에서는 벚꽃 디자인의 코카콜라 캔을 강조했다. 벚꽃이 활짝 핀 배경에 새로 디자인한 콜라 캔에 분홍빛 색조를 가미했다. 두 편의 시리즈 광고에서는 같은 형식을 유지하면서 헤드라인만 살짝 달리 표현했다. "활짝 핀 봄 한정満開の春限定." "벚꽃 핀 봄 한정桜咲く春限定." 봄철이라 할지라도 벚꽃이 만개한 시점까지만 판매하는 한정판 콜라 캔이라는 뜻이다.

일본 코카콜라의 광고 '벚꽃' 편(2019)
© 일본 코카콜라

지금은 우리가 사랑해야 할 시간

캔의 위쪽에는 활짝 핀 벚꽃과 펄럭이는 꽃잎에 이르기까지 여러 가지 벚꽃을 보여주고, 캔 아래쪽에는 꽃잎이 우아하게 떨어지며 핑크빛 카펫이 만들어지는 장면을 보여주었다. 일본 코카콜라가 한정판 콜라병을 내놓자마자 전국의 매장에서 즉시 매진되면서 코카콜라는 봄철에 마시는 최고의 인기 음료로 떠올랐다. 계절의 화사함을 제품에 끌어들여 한정판을 훌륭하게 소개하는 데 성공했다.

SK하이닉스 광고 '벚꽃' 편(2017)에서는 전혀 관련성이 없어 보이는 벚꽃을 반도체의 특성으로 연결했다. "벚꽃은 봄에만 피지 않는다." 헤드라인을 이렇게 써서 벚꽃 흩날리는 풍경을 봄이 아니더라도 사시사철 언제든 볼 수 있다고 했다. 어떻게 그런 일이 가능할까? "그건 아마,/ 당신의 스마트폰 안에서/ 추억을 더 오랜 간직하게 해주는/ 반도체 덕분일 겁니다." 보디카피를 읽고 나면 충분히 이해할 수 있다. 벚꽃 잎이 흩날리다가 반도체 모양으로 변해가는 장면은 반도체 전문회사와의 상관성을 고려한 설정이었다.

기업 간에 반도체를 거래하는(B2B) SK하이닉스는 소비자를 대상으로 굳이 광고할 필요가 없다. 그런데도 소비자를 대상으로B2C 감성적인 광고를 해서, 반도체 기업이라는 기계적 이미지를 화사한 벚꽃 이미지로 바꿨다. 벚꽃 잎이 떨어져 반도체 모양으로 바뀌는 장면은 "안에서 밖을 만든다"라는 마무리 카피와 만나, 반도체가 마치 일반 소비재라도 되는 것처럼 느껴지게 했다. 이 카피에서 '안'은 스마트폰 안에 내장돼 추억을 더 오랜 간직하게 해주는 반도체이며, '밖'은 스마트폰 화면에 뜨는 사진이나 동영상 같은 것을 의미했다.

SK하이닉스의 광고 '벚꽃' 편(2017)
© SK하이닉스

이디야 벚꽃라떼의 광고 '두근두근' 편(2018)
© 이디야

　아주 간명한 광고지만 이디야 커피 벚꽃라떼의 '두근두근' 편(2018)에서
는 지면 전체를 벚꽃 색깔로 도배했다. 휘핑크림 위에 라즈베리 화이트
초콜릿을 올려 벚꽃 잎 모양을 내서 벚꽃라떼라는 이름을 붙였다. 봄과
어울리는 화려한 색을 써서 시각적 효과를 유발하기 위해 벚꽃을 소재로
활용했다. "두근두근 반했나 봄"이라는 카피는 벚꽃라떼를 함께 먹고 싶
은 연인들의 사랑과 설렘을 절묘하게 표현한 솜씨라고 평가할 수 있다.

　SK텔레콤의 기업 광고인 '문자 내기' 편(2008)에서는 화창한 봄날에 오
랜만에 외출해 친구들끼리 모여 앉아 수다를 떠는 주부들의 일상을 부각
시켰다. 친구 넷이 앉은 공원 의자의 뒤쪽으로 벚꽃 잎이 속절없이 흩날
린다. "2005년 10월 채명애 씨의 실제 이야기입니다"라는 한 줄의 자막과

함께 광고가 시작된다. 비틀즈의 「Let it be」라는 노래가 흐르고, 아줌마들은 각자의 남편에게 '여보, 사랑해.'라는 문자 메시지를 보낸다. 누가 가장 감동적인 답신을 받는지 문자 내기를 시작하고 아줌마들은 살짝 긴장하는데, 남편의 문자가 오면 서로 보여주기로 한다.

드디어 남편들의 문자가 도착한다. "마누라. 뭐 잘못 먹었어?", "무슨 일 있어?" "어디 아프냐." 까르르 웃는 친구들의 모습이 정겹다. 마지막에 이런 문자 메시지가 도착하자 상황이 반전된다. "명애 씨, 내가 더 사랑하오♥." 아줌마들은 연애 시절로 돌아간 듯 행복한 표정을 짓는다. "사람보다 더 따뜻한 봄은 없습니다. 사람을 향합니다"라는 내레이션이 나오며 광고가 끝난다. 문자 하나를 받고 즐거워하는 가운데 벚꽃 잎이 떨어지는 봄날의 아름다운 정경이 펼쳐진다. 유명한 빅 모델이 아닌 일반인들이 광고 모델로 참여함으로써 많은 사람이 벚꽃에 얽힌 봄날의 추억을 되돌아보게 했다.

벚꽃의 계절이지만 벌써 지는 꽃잎이 있는가 하면 늦게까지 화사한 자태를 뽐내는 꽃잎도 있다. 나무에도 마음이 있다면 세상만사가 마음먹기에 달려 있다는 듯 벚꽃도 저마다의 한평생을 살고 있는 셈이다. 벚꽃의 원산지가 일본이라고 하지만 우리나라에서 기원했다는 학설도 있다. 벚꽃의 일본어인 사쿠라桜가 우리말의 '사그라진다'에서 나왔다는 설도 있다. 어쨌든 벚꽃은 활짝 피었다가도 비가 조금만 내리면 그대로 사그라지는 꽃이라는 뜻이 담겨 있다.

일본에서는 벚꽃 놀이를 '하나미花見'라고 한다. 일본은 우리나라를 강제로 병합하면서 전국에 벚꽃을 보급했다. 일본은 일제강점기였던 1911

SK텔레콤의 광고 '문자 내기' 편(2008)
© SK텔레콤

년에 창경궁을 창경원으로 격하시키고 수천 그루의 벚나무를 심었다. 조선총독부는 나무가 제법 자란 1924년부터 야간에 벚꽃을 공개했다. 일본인들은 남의 땅에서 신나게 '하나미'를 즐겼다고 할 수 있다. 요즘 젊은이들이 이런 역사까지 군이 알 필요는 없겠지만, 벚꽃 구경 하나에도 이처럼 슬픈 역사가 담겨 있다.

역사가 어떻게 흘러왔든 명칭이 어떻든 간에 벚꽃 구경보다 중요한 것은 꽃을 보려는 사람의 마음이다. 광고에서도 사람보다 더 따뜻한 봄은 없다고 했다. 따라서 버스커 버스커의 「벚꽃 엔딩」(2012)이란 노래에서 "봄바람 휘날리며 흩날리는 벚꽃 잎이 울려 퍼질 이 거리"는 연극의 배경일 뿐이고, "우우~ 둘이 걸어요"는 연극의 전경이다. 사람보다 더 따뜻한 봄은 없을 테니까, 그렇다.

'언제 한번' 아닌
'지금 바로'

"언제 한번 밥 한번 먹자."

습관적으로 이런 말을 하는 경우가 많다. 하지만 이 약속을 실제로 지킨 사람들은 그리 많지 않을 터. 서로가 빈 말인 것을 알고 있는 기약 없는 약속이기 때문이다. 그런데도 악수하며 헤어질 때나, 전화를 그냥 끊기 뭐해서, 메일의 마지막 문장을 좀 더 그럴싸하게 끝마치려고, 우리는 '언제 한번'이라는 말을 자주 쓴다. 왜 그래야만 할까?

SK텔레콤은 지난 2004년부터 2005년까지 '새로운 대한민국 이야기'라는 광고 캠페인을 전개했다. 기업에서는 보통 상업적 목적 때문에 광고를 하지만, 이 캠페인에서는 사회 공동의 선(善)을 환기함으로써 사회 구성원들의 태도나 정서를 바꾸고자 했다. '대한민국을 새롭게 하는 이야기' 캠페인의 첫 번째 광고인 '언제 한번' 편(2004)을 보기로 하자. 이 광고에서는 "'언제 한번'이란 시간은 존재하지 않습니다"라는 헤드라인 아래, '언제 한

번'은 오지 않으니 지금 바로 시도하고 사랑을 미루지 말라고 했다. 보디 카피는 다음과 같다.

이런 약속 지켜보신 적이 있으십니까?

언제 한번 저녁이나 함께 합시다.

언제 한번 술이나 한잔 합시다.

언제 한번 차나 한잔 합시다.

언제 한번 만납시다.

언제 한번 모시겠습니다.

언제 한번 찾아뵙겠습니다.

언제 한번 다시 오겠습니다.

언제 한번 연락드리겠습니다.

언제부터인가 우리들의 입에 붙어버린 말 '언제 한번'

오늘은 또 몇 번이나 그런 인사를 하셨습니까.

악수를 하면서, 전화를 끊으면서, 메일을 끝내면서,

아내에게, 아들딸에게, 부모님께, 선생님께,

친구에게, 선배에게, 후배에게,

직장 동료에게, 거래처 파트너에게…

'언제 한번'은 오지 않습니다.

'오늘 저녁 약속'이 있느냐고 물어보십시오.

'이번 주말'이 한가한지 알아보십시오.

아니, '지금' 만날 수 없겠느냐고 말해 보십시오.

'사랑'과 '진심'이 담긴 인사라면,

'언제 한번'이라고 말하지 않습니다.

사랑은 미루는 것이 아닙니다.

이 광고는 사람들 사이에서 잔잔한 감동을 불러일으켰다. 광고에는 화려한 그림이나 사진도 없다. 요란하게 기교를 부리지도 않았고 과장되게 포장하지도 않았다. 시종일관 소박한 느낌을 유지했다. 일상의 사소한 이야기를 소환해 마치 편지 쓰듯 담담하게 써 내려간 카피가 광고 메시지의 대부분이다. '언제 한번'이라는 약속을 지킨 적이 거의 없었기에 사람들은 스스로를 되돌아볼 수밖에 없었다. 남의 이야기가 아닌 내 이야기로 다가간 것이다. 형식적인 약속의 허황됨을 꼬집은 광고 내용에 사람들이 자신의 공허한 빈 말을 되돌아보았다.

기업 이미지를 알리는 광고는 보통 모호할 때가 많다. 정답이 없기 때문이다. 카피라이터들도 기업 이미지를 제고하기 위한 카피 쓰기를 가장 어려워한다. 기업이나 브랜드를 너무 내세우면 잘난 체 하는 메시지가 되기 쉽고, 아무것도 내세우지 않으면 기업과의 상관성이 전혀 없는 맨숭맨숭한 내용이 되기 때문이다. 그렇지만 이 광고는 기업의 지향점을 노골적으로 표명하지 않으면서도 기업의 가치를 가랑비에 옷 젖듯이 스며들게 했다. 카피의 힘이 공감 유발의 원천이었다.

이 광고를 시작으로 SK텔레콤은 작게는 개인이 일상생활에서 놓치고

SK텔레콤의 광고 '새로운 대한민국 이야기'(2004)
© SK텔레콤

143

제3부 _ 작은 관심이 큰 기쁨으로, 이웃 사랑

있던 소소한 잘못부터 크게는 국가와 민족에 대한 문제에 이르기까지, 우리가 되돌아봐야 할 다양한 이야기를 광고에 소환했다. 사소한 것들을 조금씩 고쳐나가는 노력이 '대한민국을 새롭게 하는 힘'이라는 메시지를 전달하기 위해서였다. 시리즈 광고들은 같은 크기, 같은 위치, 심지어 게재하는 날짜에 이르기까지 일관성을 유지했지만 지루하지 않았다. 자칫 잘못하면 너무나 지당한 계몽적 메시지로 흐르기 쉬운 법인데, 카피라이터의 감각적인 솜씨는 상투적 계몽성을 넘어서기에 충분했다.

이 광고는 광고가 상품 판매에만 집중하지 않고 얼마든지 순기능을 할수 있고, 나아가 사회공헌 활동 혹은 사회 캠페인을 전개할 수도 있음을 확인시켜 주었다. '새로운 대한민국 이야기'의 주제는 SK텔레콤의 사업 영역과 직접 관련되지 않는 것들도 많았다. 그렇다면 광고비를 쓸데없이 낭비한 것일까? 그렇지 않다. 이 캠페인에 많은 사람이 수긍하고 공감을 표시했다면 결국 기업 이미지를 긍정적으로 높이는 데 기여한다. 하지만 우리 모두의 간절한 소망을 담은 이 광고가 나간 지 15년이 지난 지금에도 사람들의 태도는 여전히 달라지지 않았다. 이제, 새로운 대한민국 이야기에 관한 캠페인을 다시 전개할 때가 다시 돌아온 것 같다.

모두가 힘들어하는 시간이 지속되고 있다. 이런 때일수록 '언제 한번'이라는 빈 말을 하지 않도록 각별히 신경 써야 하겠다. 빈 말은 공수표이자 기약 없는 약속이다. 10년 후 첫눈 오는 날 우체국 앞에서 만나자거나, 지금은 헤어져 있어도 언젠가는 백발이 성성해지더라도 꼭 만나자는 말에는 설렘과 기대감이라도 있다. 하지만 '언제 한번'은 말한 사람도 듣는 사람도 돌아서는 순간 잊어버린다.

지금은 우리가 사랑해야 할 시간

"약속을 지키는 최선의 방법은 약속을 하지 않는 것이다." 그래서 나폴레옹도 기약 없는 약속은 하지 않는 것이 좋겠다는 뜻에서 이런 명언을 남겼는지도 모르겠다. 상대방이 '언제 한번'이라며 물어보면 '지금 바로' 하자고 말해 보자. 그리고 상대방에게도 '언제 한번'이라고 묻지 말고 '지금 바로' 번개로 만나자고 제안해 보자. 그렇게 하다 보면 서로가 사랑하는 마음을 조금도 잃지 않을뿐더러 약속을 어기는 일도 없을 것이다.

스승과 제자의
진정한 의미

　스승의 날 폐지와 관련된 청원이 있을 정도로 의견이 분분하지만 해마다 5월이면 어김없이 스승의 날이 돌아온다. 우리 시대에 참 스승이 없다고 주장하는 분들도 있지만 그렇게 쉽게 함부로 단정할 일은 아니다. 어른들이 이러쿵저러쿵 판단할 문제가 아니라 제자들이 느끼는 가슴속에 스승에 대한 답이 들어 있을 뿐이다. 교권敎權이 아슬아슬한 고빗사위에 놓인 것 같아 안타깝다.

　스승의 날은 1958년에 충남 논산의 강경고등학교 학생들이 와병 중인 선생님의 문병을 갔던 때부터 시작됐다고 한다. 1965년 스승의 날에 학생들이 선생님께 리본 달린 장미꽃을 꽂아드린 이후 지금 같은 기념행사의 형식을 갖췄다. 1966년에는 스승의 날 노래가 라디오 방송으로 널리 소개됐고, 1982년 5월에 '스승의 날'이 제1회 법정기념일로 공식 제정돼 지금까지 이어져 왔다.* 스승의 날 광고를 보며 스승과 제자의 관계를 생각해 보자.

쌍용은 스승의 날을 맞이해 기업 이미지 광고 '도시락' 편(1984)을 주요 일간지에 게재했다(《동아일보》, 1984년 5월 15일 자 1면). 광고에서는 기업을 자랑하거나 브랜드의 가치를 강조하지 않고, 선생님의 도시락에 얽힌 일화만 담담하게 소개했다. 광고 카피가 사람들의 심금을 울렸다. "오늘은 속이 불편하구나"라는 헤드라인 아래 구구절절한 보디카피가 이어진다. 한글 맞춤법이 '~읍니다'에서 '~습니다'로 바뀌기 이전에 쓴 카피 그대로를 옮겨보면 다음과 같다.

참으로 어려웠던 시절.
그날도 선생님은 어김없이
두 개의 도시락을 가져 오셨읍니다.

어느 때는 그중 한 개를 선생님이 드시고
나머지를 우리에게 내놓곤 하셨는데,
그날은 두 개의 도시락 모두를 우리에게 주시고는
'오늘은 속이 불편하구나' 하시며
교실 밖으로 나가셨읍니다.

•   윤미란, "스승의 날 시작이 궁금하다. 그리고 '스승의 날' 가장 듣고 싶은 말은?", 《맘스뉴스》, 2018년 5월 15일 자.

찬물 한 주발로 빈속을 채우시고는
어린 마음들을 달래시려고
그 후 그렇게나 속이 안 좋으셨다는 걸
깨닫게 된 것은 긴 세월이 지난 뒤였습니다.

선생님의 도시락으로 배를 채우고
선생님의 사랑으로 마음을 채운 우리는,
이제 50고개를 바라보는 왕성한 중년들.

그 옛날 선생님의 꿈나무였던 우리는
기업에서, 교단에서,
공직에서, 농어촌에서,
연구기관에서, 봉사단체에서
나름대로 사람값을 하고자 열심히 살고 있습니다.

살아 계신다면,
걸어오신 70평생이 한 점 티 없으실,
그래서 자랑과 보람으로 주름진 선생님의 얼굴에
아직도 피어계실 그 미소를 그리면서
그때의 제자들이 다시 되고픈 마음입니다.

시골 출신을 비롯해 그 시절에 학교에 다녔던 사람들이라면 누구나 썼

쌍용의 광고 '도시락' 편(1984)
© 쌍용

을 법한 도시락에 보리밥이 담겨 있고 그 안에 다시 반찬 종지를 꾹꾹 눌러 담았다. 보리밥 위에 젓가락이 가지런히 놓여 있다. 요즘 학생들은 이해하기 어렵겠지만 1950~1960년대에는 보릿고개가 있었고, 도시락을 싸오지 못해 점심을 먹을 수 없었고 그래서 수도꼭지로 달려가 '물배'를 채우는 학생들도 있었다. 가수 진성 씨의 「보릿고개」라는 노래는 그 시절의 이야기다. 그래서 이 노래는 "아야 뛰지 마라 배~ 꺼질라~" 하며 가슴 아프게 불러야 한다. 학생들의 사정을 속속들이 알고 계신 선생님은 왠지 속이 불편하다며 자기 도시락을 학생에게 주셨다. 이 광고는 사회적으로 엄청난 반향을 일으키며 기업에 대한 호감도를 높이는 데도 기여했다.

현대자동차 인도 법인의 소셜 미디어 광고 '바른 길' 편(2017)에서는 스승의 날에 선생님의 가르침을 되돌아보게 했다. 도로를 질주하는 자동차 한 대가 시선을 사로잡나 싶었더니, 차가 똑바로 가도록 양쪽 갓길에서도로를 보호하는 양손이 더 크게 부각된다. 이어지는 헤드라인은 다음과 같다. "인생의 바른 길을 택하도록 우리를 가르치기 위해. 고맙습니다For teaching us to choose the right path in life. Thank you!" 최근 광고인 걸 보니 인도가 한국보다 교권 상황이 아직은 나은 듯하다.

이 광고에서 그림이 카피와 만나자 단순한 도로가 아닌 인생의 행로로 상승하는 효과를 발휘했다. 자동차가 학생이라면 도로 양쪽을 가로막는 두 손은 선생님의 보살핌을 상징한다. 현대자동차는 선생님 은혜에 감사 드리자는 메시지를 단순히 전달하지 않고, 브랜드와의 상관성을 고려해 자동차가 달리는 길을 인생의 길로 의미를 확장시켰다. 생각해 보면 엇나 가려는 순간에 학생들을 올바른 길로 인도해 주던 선생님들이 참 많았지 싶은데, 그런 순간을 떠올리게 하는 공감할 만한 메시지다.

안타까운 일이지만 요즘에도 결식 학생들이 있다. 그러나 1950~1960 년대에는 사정이 더 심각했다. 쌍용의 도시락 광고에 등장하는 결식 풍경 은 지난 시절에 꽤 자주 목도할 수 있는 풍경이었다. 배는 고팠을지라도 선생님의 사랑은 고프지 않았던 아름다운 시절이었다. 하지만 지금은 사 정이 많이 달라졌다. 혹독한 가난을 이겨내고 이만큼 잘 살게 된 부모들 과 그들의 자녀들이 스승에 대한 존경심을 왜 조금씩 거두게 됐는지, 그리 고 선생님은 제자에 대한 한없는 사랑을 왜 망설이게 됐는지 진지하게 되 물어야 한다.

사람을 가르치는 일은 소중하고 값지다. 학생을 가르치면서 선생님도 배운다. 준비하면서 배우고 가르친 다음에도 또 배운다. 그래서 누구를 가르치면 두 번 이상을 배우는 셈이다. 선생님은 자포자기에 빠진 학생에

현대자동차 인도 법인의 광고 '바른 길' 편(2017)
© 현대자동차

게 희망의 빛을 비춰주며 인생을 바꿀 수 있다. 학생들은 마치 물고기와 같아서 '큰 놈'만 있는 게 아니다. 작지만 제 몫을 할 '야무진 놈'도 있고 앞으로 '클 놈'도 있다. 반대로 선생님이 말 한마디를 잘못해 학생의 마음에 깊은 상처를 남길 수도 있다. 요즘 학부모들의 교육 수준과 경제 수준이 높아져 옛날 부모님들께서 선생님을 대하던 태도와는 차이가 많다. 갑질 수준에 버금가는 '부모질'을 하는 학부모도 있다니 이 일을 어찌해야 할까 싶다.

우리는 초등학교 1학년 때부터 여러 선생님으로부터 배웠다. 그분들의 이름이나 얼굴 혹은 일화가 생각나는가? 모든 선생님의 이름을 다 기억한다면 행복한 사람이다. 기억력이 좋아서가 아니라 선생님들의 영향을 그만큼 많이 받았다는 근거일 테니까. 김행숙, 양은성, 서정숙, 윤영의, 최병국, 윤광석, 김평중, 심경희, 이희림, 박태일, 김성도, 김태호, 정한모, 김

완진, 이기문, 김윤식, 권영민, 이상택, 김용직 선생님 등등. 나 역시 지금 여러 선생님의 이름이 떠오른다. 만약 단 한 분도 떠오르지 않는다면 제자도 선생님에 대한 관심이 부족한 것은 아니었는지 되돌아봐야 하지 않을까? 모든 선생님을 존경할 수는 없겠지만 그렇다고 해서 선생님 모두가 존경할 수 없는 행동만 했다고 단정할 수는 없을 테니까. 스승과 제자 관계의 진정한 의미를 생각해 보며 서로를 사랑하고 이해하는 스승의 날이 되었으면 싶다.

택배 기사를 배려하는
마음씨

우리는 집이나 사무실에 앉아 편하게 택배를 받고 있다. 배송비를 지불했으니 마땅한 일이려니 생각해야 할까? 택배 기사는 하루 평균 13시간 이상 일하고, 날마다 300여 개를 배달하려고 98km를 이동하고 200여 통의 전화를 받는다고 한다. 그렇지만 처우는 좋지 못하다. 택배 회사가 난립한 탓에 그리 된 측면도 있다. 택배 기사의 노동을 당연하게 봐서는 안되는 이유도 그 때문이다.

이베이 코리아ebay korea 산하의 G마켓 광고 '스마일 도시락' 편(2018)에서는 택배 기사를 시간을 달리는 남자에 비유했다. 광고가 시작되면 카메라는 택배 기사의 동선을 따라가며 하루의 고된 일상을 있는 그대로 보여준다. 통화하며 짐을 들고 뛰고, 위험한 길을 아찔하게 건너고, 몸을 가릴 정도로 높게 쌓은 짐을 양팔로 옮긴다. 전기 요금이 많이 나오니 승강기를 이용하지 말라는 안내문도 붙어 있다. 그래서 큰 생수병 12개를 등에

지고 계단을 오르기도 한다. 트럭에서 김밥을 먹으려는데 전화가 걸려오자 제대로 먹지도 못하고 포기한다. 광고에서는 리얼리티 방송 프로그램처럼 택배 기사의 일상을 생생하게 보여주며 다음과 같은 카피를 내레이션으로 흘려보낸다.

시간을 달리는 남자. 택배 기사님은 하루 평균 13시간 이상 일합니다. 매일 300개의 택배를 전달하기 위해 98km를 이동하고 200통의 전화를 받으며 고객들을 만나죠. 늘 시간에 쫓겨 하루 두 끼를 단 15분 만에 해결해야 하는 택배 기사님. 그래도 힘을 낼 수 있는 건 고객의 따뜻한 한마디 덕분입니다. 이제 고객의 응원을 G마켓이 응원합니다. 택배 기사님, 스마일 도시락 드세요. G마켓에 응원 메시지를 남겨주세요. 응원 메시지는 택배 기사님의 든든한 도시락이 됩니다. 택배 기사님 고맙습니다.

광고의 후반부에서는 고객들이 택배 기사에게 보내는 감사 인사가 나온다. "기사님, 저희 동네 오래오래 맡아 주세요." "바쁘시더라도 식사는 거르지 마시길…" 이와 같은 인사말을 비롯해 무인 택배함에도 택배 기사의 식사를 걱정하는 메모지가 붙어 있다. 택배 기사는 고객이 보낸 쿠폰을 도시락으로 바꾸며 기쁜 표정을 짓는다. 이 광고는 고객이 특정 택배 기사를 지정해 온라인으로 응원의 메시지를 전송하게 하는 고객 참여형 캠페인이다.

고객들이 G마켓에서 '스마일 도시락'이라는 키워드를 검색해 감사 메시지를 작성하면, 그 문자와 함께 도시락 쿠폰이 택배 기사에게 발송된다.

고객이 메시지를 보내면 G마켓은 편의점과 연계해 택배 기사에게 도시락을 제공하는 과정인 셈이다. 택배 기사는 도시락을 찾으러 따로 발걸음할 필요가 없다. 스마일 박스 인근의 편의점에 들러 도시락을 찾을 수 있도록 택배 기사의 업무 환경과 동선까지 배려했다. 치밀하게 설계한 인상적인 캠페인이다.

이 광고에서는 인터넷 쇼핑으로 주문한 물건들을 비가 오나 눈이 오나 배달해 주는 택배 기사를 '시간을 달리는 남자'로 묘사했다. 실제로 현장에서는 수고에 감사하다며 따스한 마음을 건네는 분도 있지만 사소한 문제로 트집을 잡는 분도 많아, 택배 기사들이 겪는 마음의 상처는 상상을 초월한다고 한다. 1분 40초 길이의 이 광고를 유튜브에 공개한 지 3주 만에 4만여 건의 응원 메시지가 이어졌고, 공개한 지 한 달 만에 1100만 건의 조회 수를 넘겼다. 2018년 서울영상광고제에서는 소비자들이 가장 호평하는 광고에 주는 컨슈머리포트상을 받았다.

광고의 핵심 주장을 택배 기사에게 감사의 마음을 전하자는 계몽적인 메시지로만 봐서는 안 된다. 소비자들이 쉽게 실행할 수 있는 구체적인 방법을 제시했다는 점이 광고의 핵심적인 아이디어다. 소비자 입장에서는 자신에게 물건을 배달해 준 택배 기사에게 고마운 마음을 전하고 싶어도 딱히 뭘 어떻게 해야 할지 모르는 경우가 많다. 아마도 광고 기획자들은 감사의 마음을 표현할 방법을 몰라 머뭇거릴 수밖에 없는 소비자의 내면 심리를 포착했을 것이다. 그 지점이 소비자의 심리타점sweet spot이었다. 야구에 비유하자면 투수가 던지는 볼을 타자가 배트 중앙에 정확히 맞춰 홈런을 날리는 그 지점이다.

G마켓의 광고 '스마일 도시락' 편(2018)
© ebay korea

지금은 우리가 사랑해야 할 시간

야구 배트나 테니스 라켓의 중심에 공이 정확히 맞으면 힘을 가하지 않아도 공을 더 멀리 더 빨리 보낼 수 있다. 스포츠 용어로 그 지점을 스위트 스폿이라고 하는데, 소비자의 마음속에도 이런 지점이 있다. 날아오는 공처럼 광고 메시지가 소비자 마음속을 꿰뚫고 공감을 불러일으켰을 때, 소비자의 심리타점을 정확하게 맞췄다고 비유할 수 있다. 소비자 통찰력과 브랜드 통찰력이 정확히 만나는 접점이 소비자의 심리타점(소비자 통찰력 + 브랜드 통찰력)인 셈이다.* 광고 기획자들은 택배 기사에게 고마운 마음을 전하고 싶어도 딱히 뭘 어떻게 해야 할지 모르는 소비자들의 심리타점을 정확히 찾아냈다. 도시락은 심리타점을 가격할 매개체로 활용됐을 뿐이다.

우리나라의 배송비는 외국에 비해 턱없이 저렴하다. 택배 기사에게 돌아갈 몫도 얼마 되지 않을 것이다. G마켓의 '스마일 도시락' 광고는 고객의 심리타점을 건드린 좋은 광고였다. 한시적인 캠페인에 머무르지 말고 앞으로도 계속 캠페인을 전개했으면 싶다. 사람들의 태도도 달라져야 한다. 택배 기사의 어마어마한 노동량을 생각한다면 사소한 실수 정도는 이해하고 넘어갈 수도 있겠다. 문 앞에 메모를 붙여 감사하는 마음을 표시하거나 음료수를 건넨다면 더욱 좋겠다. 이 또한 이웃 사랑이다.

감사의 마음을 표현할 방법은 얼마든지 많다. 2020년 8월 14일, 택배 산업이 출범한 지 28년 만에 택배 노동자들의 휴식권을 보장하기 위해 '택배 없는 날'이 실행되었다. 날이 갈수록 택배 물량이 증가하는 가운데 주

---

* 　문영숙·김병희, 『소비자 인사이트: 심리타점의 발견과 적용』(서울: 커뮤니케이션북스, 2015).

요 택배사들과 한국통합물류협회가 전국택배연대노조의 요구를 받아들여 주말을 포함해 사흘간의 연휴 기간을 보장했다. 잘 한 일이다. 해마다 '택배 없는 날'을 계속 유지해서 택배 노동자에게도 휴식의 기쁨을 안겨드려야 한다.

밤을 지키는
등대 같은 사람

보이지 않는 곳에서 자신의 일을 묵묵히 해내는 분들이 있어 우리 사회가 제대로 돌아간다. 입주자의 안전을 책임지는 아파트 경비원들도 자신에게 주어진 일을 묵묵히 수행하기 때문에, 마치 밤바다를 비추는 등대 같은 존재라고 할 수 있다. 그런데도 입주자가 아파트 경비원을 상대로 갑질을 저지르는 뉴스가 종종 나오고 있다. 열악한 근무 여건에서 고생하는 그분들을 생각해 보면 정말로 안타까운 소식이다.

KCC건설의 스위첸 광고 '집을 지키는-등대' 편(2021)에서는 아파트의 낡은 경비실 환경을 개선함으로써 경비원에게 더 나은 공간을 제공하자는 기업의 사회공헌 활동을 구체적으로 표현했다. 아침 일찍부터 일을 시작해 늦은 밤에야 끝나는 아파트 경비원의 근로 시간을 부각시키고, 아파트 경비실이 그냥 입구 한쪽에 설치된 공간이 아닌 '집을 지키는 집'이라는 새로운 개념을 설정하는 광고다. 광고에서는 입주자의 집을 24시간 내내 지켜주는 분들에게 더 나은 근무 여건을 제공하자는 희망의 메시지를 전달했다.

광고가 시작되면 경비실 책상에 모자와 손전등이 놓여 있고 환풍기가 돌아가는 소음이 들린다. 모두들 잠들었는지 아파트 단지의 모든 집에 불이 꺼졌고 어두컴컴하다. 오로지 경비실만 불이 꺼지지 않았다. 경비원은 모자를 집어 들고 순찰하러 나선다. 경비원의 업무가 다시 시작된 것이다. 그 순간 동요 「등대지기」의 연주음이 들려온다. 가사는 없고 피아노 소리로만 들려오지만 워낙 친숙한 동요라 머릿속에 저절로 가사가 떠오른다.

얼어붙은 달그림자 물결 위에 차고
한겨울의 거센 파도 모으는 작은 섬
생각하라 저 등대를 지키는 사람의
거룩하고 아름다운 사랑의 마음을

무심히 지나치던 작은 공간이었지만, 경비실이 모두의 집을 지키는 집이라고 생각하니 그 심오한 뜻이 정말로 크게 다가온다. 캄캄한 어둠 속에서 경비원은 랜턴은 켜고 아파트의 구석구석을 여기저기 비춘다. 랜턴 불빛만이 아파트 단지를 밝히고 있다. 어둠 속을 묵묵히 홀로 돌아다니는 경비원의 모습에서 그 아파트는 정말 안전하겠다는 생각이 든다. 광고에서는 아파트 경비원이 밤마다 입주자를 지켜주는 등대 같은 역할을 하고 있다는 사실을 사실적으로 묘사했다. 카피는 다음과 같다.

모두의 불이 꺼지는 시간,

여전히 불이 꺼지지 않는 집이 있습니다

가장 늦은 하루가 무사히 끝날 때까지

가장 이른 하루가 또 무사히 시작될 때까지

이 작은 집이 우리 모두의 집을 지켜갑니다

KCC건설 스위첸은 노후된 경비실을 리모델링하여 더 건강한 환경으로 바꿔

가고 있습니다. 스위첸.

특히 마지막 부분에서는 "이 작은 집이 우리 모두의 집을 지켜갑니다"
란 카피가 자막과 내레이션으로 동시에 나온다. 그만큼 중요한 메시지라
는 뜻이다. 작은 집과 모두의 집을 대비시켜 더 오래오래 기억에 남도록
표현했다. 아파트 주민들이 드나들며 그냥 지나쳤을 경비실에 '작은 집'이
란 새로운 이름을 붙였다. 집의 이름을 호명하며, 그 작은 집에 엄청난 의
미를 부여한 것이다.

광고의 핵심 메시지인 '집을 지키는 집'에서 앞의 집은 입주자의 집이고
뒤의 집은 경비실이다. 아파트 경비실을 입주자의 집을 지키는 집으로 해
석한 통찰력이 탁월하다. 모든 집에 불이 꺼져 있어 어두컴컴한 상황에서
경비원이 들고 있는 손전등의 불빛이나 경비실의 불빛은 마치 한밤중에
바닷가에서 깜박이는 등댓불 같다. 광고 기획자들은 등댓불 같은 취지를
살려, 노후화된 경비실의 환경을 개선하는 사회공헌 프로그램의 명칭을
'등대 프로젝트'로 정했을 것이다.

퇴근이 늦은 입주자들은 먼 곳에서도 아파트 경비실에서 새어나오는

KCC건설 스위첸의 광고 '집을 지키는 집-등대' 편(2021)
© KCC건설

불빛을 확인할 수 있을 것이다. 경비실을 등대에 비유한 이유가 여기에 있다. 단지 아파트의 외관만을 강조하던 기존의 패턴에서 벗어나 단지 안의 버려진 영역인 경비실을 부각시킨 점도 광고의 미덕이다. 이 캠페인은 광고 노출로만 끝나지 않고, 경비실 환경을 실제로 개선하는 사회공헌 활동으로 확장했다는 점에서도 가치가 크다. 차분하게 전개되는 영상미, 감성적인 카피, 친숙한 배경 음악이라는 세 가지 요소가 절묘한 조화를 이루며 명작 광고가 완성됐다. 메시지의 설득력과 표현력을 인정받은 이 광고는 2021년 대한민국 광고대상의 TV영상 부문에서 대상을 수상했다.

아파트의 노후화된 경비실이 실제로 많다. 건물에 금이 갔거나 빛이 잘 들어오지 않아 음침한 느낌을 주기도 한다. 세면대나 거울에는 찌든 때가 덕지덕지 껴 있고, 화장실에서는 악취가 나기도 한다. 이렇게 열악한 환경인데도 경비원들이 입주자 대표나 관리소장에게 근로 환경을 개선해달라고 요청하기는 현실적으로 어렵다고 한다. 입주자들은 거금을 들여 자기 집은 수리하면서도, 경비실의 환경 개선에는 관리비가 인상된다는 이유를 들어 머뭇거리기 일쑤다. 이 광고는 사람들의 그런 이기심을 돌아보게 하면서 인식 개선을 촉구하고 있다.

"익숙함에 속아 소중함을 잃지 말자." 생텍쥐페리Saint-Exupéry의 소설 『어린 왕자Le Petit Prince』에 나오는 한 구절이다. 연인의 소중함은 만나고 싶어도 못 만날 때, 부모님의 소중함은 돌아가셨을 때, 친구의 소중함은 의절한 다음에, 어느 날 문득 느끼게 될 것이다. 우리들은 익숙하게 늘 곁에 있기에 대상의 소중함을 모른 채 살아가는 경우가 많다. 짧고 쉬운 경구는 익숙한 관계가 끊어졌을 때 뒤늦게 후회하지 말고, 있을 때 잘하라는 뜻으로 쓰이고 있다. 아파트 경비원의 익숙한 일상을 너무 당연시하지 말고 어둠 속의 등대처럼 소중하게 생각하라는 것이 광고의 핵심 메시지가 아닐까 싶다.

아파트 경비원만 등대 같은 존재이겠는가? 사회 구석구석의 보이지 않은 곳에서 자신이 맡은 일을 묵묵히 해내며 수고하시는 분들도 등대 같은 존재다. 이 분들이 일하시는 상황을 광고 카피를 패러디해서 표현해 보면 이렇다. "모두의 불이 꺼지는 시간, 여전히 불이 꺼지지 않는 곳이 있습니다/ 가장 늦은 하루가 무사히 끝날 때까지/ 가장 이른 하루가 또 무사히 시작될 때까지/ 우리 모두의 안녕을 지켜갑니다." 우리 모두는 보이지 않은 곳에서 수고하시는 분들의 헌신적인 사랑을 잊지 말아야 한다.

나쁜 말버릇은
그 자신이다

나쁜 말버릇이 사회문제로 떠올랐다. 우리 사회에서 거친 언어가 난무하는 현상을 좀 더 세심하게 짚어볼 필요가 있다. "언어는 존재의 집"(마르틴 하이데거Martin Heidegger)이라거나 "내 언어의 한계가 곧 내 세계의 한계이다"(루드비히 비트겐슈타인Ludwig Wittgenstein)라는 말도 있다. 말은 그 사람을 나타낸다. 직장이나 군대 같은 조직에서 바른 언어생활이 필요한 이유다. 집이나 학교에서 어른이 아이에게 하는 말이 언어폭력에 해당되는 경우도 많다. 어른이 무심코 내뱉는 말 한마디 때문에 아이는 평생 동안 상처를 받는다고 한다.

국제구호개발단체 세이브더칠드런Save the Children에서는 창립 100주년을 맞아 아이에게 상처를 주는 100가지 말을 선정했다. 상처 주는 말로 인한 악영향을 분류해 보니 일곱 가지 영역으로 나타났다.* 즉, 자존심에 상처를 입히는 말과 행동("쓸모없는 녀석 같으니라고" 같은 13가지 말), 자율성을 해치는 말과 행동("숙제부터 해" 같은 12가지 말), 의욕을 상실하게 하는 말과 행동("공부 좀 해라 공부 좀" 같은 12가지 말), 잘못된 가치관을 심어주는 말과 행동("너희 아버지 같은 사람은 되지 마라" 같은 14가지 말), 자신감을 없애는 말과 행동("넌 정말 커서 뭐가 될래?" 같은 11가지 말), 창조성을 없애는 말과 행동("네가 뭘 안다고 그래?" 같은 7가지 말), 부담을 주는 말과 행동("다 널 위해서야" 같은 9가지 말), 불안에 빠지게 하는 말과 행동("정말 너 때문에 내가 못 산다" 같은 11가지 말), 반항하게 하는 말과 행동("왜 그랬어? 빨리 말 못해?" 같은 11가지 말)이 그것이다.

　세이브더칠드런은 아이에게 상처가 되는 말을 조사한 다음, 3세부터 16세의 어린이와 학생 300여 명에게 그런 말을 들었을 때 느끼는 기분을 그리도록 하고 그 과정을 영상에 담았다. 세이브더칠드런의 온라인 광고 '100가지 말 상처' 편(2019)은 그렇게 해서 세상에 나왔다. 광고가 시작되면 "그리다. 100가지 말 상처"라는 자막에 이어 "너 바보야? 이것도 몰라?", "넌 아직 어려서 못 해", "안 된다면 안 되는 줄 알아", "너 때문에 못 살겠다" 같은 아이를 혼내는 말들이 튀어나온다. "상처받은 말을 아이들이 그림으로 그렸습니다. 100가지 말 상처"라는 내레이션이 계속되고 "상처가 되는 것인 줄은 전혀…", "벽을 만드는 말을…", "어디서 말대꾸야! 커서 뭐가 되려고 그러니. 누구 닮아서 그러니? 네가 뭘 안다고" 같은 성인

- Save the Children, "그리다 100가지 말 상처: 사랑한다고 한 말이 아이에게 부담을 준다고요?" Save the Children, May 9, 2019. https://www.sc.or.kr/news/storyView.do?NO=70113&msclkid=3cd26c6cb3cf11ecb08047d86f209540

남녀의 목소리가 번갈아 흘러나온다. 이어서 "말로도 때리지 마세요. 아이도 어른과 똑같은 사람입니다"라는 핵심 카피를 강조한다. "어른들 이야기에 끼어들지 마라"는 말에 이어 내레이션이 계속된다. "자신의 존재를 인정받지 못하고 일방적으로 무시당해 본 경험이 있는 사람은 절망과 좌절을 배우게 됩니다. 아이들이 들으면 안 되는 주제에 관한 대화라면 아이들이 없는 곳에서 나누셔야 합니다. 이렇게 바꿔서 말해 주세요. 엄마(아빠)가 지금 다른 분과 이야기하고 있으니 좀 기다렸다가 이야기 할까? 말로도 상처 주지 않겠다는 약속, 참여해 주세요. 함께 해주세요." 이어서 "우리가 아이를 구하면 아이가 세상을 구한다. 세이브더칠드런. 100년의 믿음"이라는 내레이션이 흐르며 광고가 끝난다.

광고 메시지에서 알 수 있듯이 부모나 어른들이 평소에 무심코 내뱉은 말 때문에 아이들은 상처를 받는다. 아이들은 자신이 느꼈던 감정대로 우울하고 슬픈 분위기를 그림으로 표현했다. "말로도 때리지 마세요"나 "우리가 아이를 구하면 아이가 세상을 구한다" 같은 핵심 카피는 눈에 보이지 않는 언어폭력이 눈에 보이는 폭력 이상으로 심각한 상처를 남긴다는 사실을 환기하고 있다. 광고를 본 어른들은 자신들이 습관적으로 내뱉었던 말을 생각하며 깊은 죄책감에 빠지기도 할 것이다.

세이브더칠드런은 광고 캠페인을 전개하는 동시에 서울 강남의 코엑스 메가박스 앞에서 아이들이 그린 그림도 전시함으로써 방문객들에게 대단한 호응을 얻기도 했다. 나아가 세이브더칠드런 100주년을 기념하는 캠페인 사이트www.sc.or.kr에 이 광고를 게재하고 그림을 보고 나서 '약속하기'를 눌러 직접 참여하기를 유도했다. 이 광고는 성과를 인정받아 2019

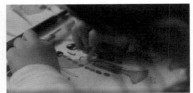

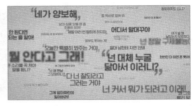

세이브더칠드런의 광고 '100가지 말 상처' 편(2019)
© 세이브더칠드런

대한민국 광고대상 디지털 부문에서 금상을 수상했다. 이 캠페인은 어른을 비롯한 여러 사람들이 평소에 간과하던 사실을 깨닫게 하는 동시에 아이를 부모의 소유물로 생각하는 인식을 바꾸는 데 기여할 것이다.

언어폭력은 당하는 사람의 입장에 따라 받아들이는 기준점이 다르다. 그렇기 때문에 피해자가 느끼는 상처에 대한 깊이는 아무도 헤아릴 수 없을 터. 오직 당하는 사람만이 안다. 퍼트리샤 에반스Patricia Evans는 『언어폭력: 영혼을 파괴하는 폭력에 맞서는 법Verbally abusive relationship』(2018)에서 언어폭력은 멍 같은 증거가 남지 않을 뿐 신체 폭행과 다르지 않은 일종의 폭행이나 마찬가지라고 했다.* 언어폭력은 신체 폭력 이상으로 엄청난 고통을 남기며, 회복에 필요한 시간은 신체 폭력으로 인한 회복기보다 훨씬 오랜 걸린다고 한다. 언어폭력의 피해자는 시간이 흐를수록 현실적인 판단력을 잃고 혼란에 빠지는 경우도 많다고 한다. 우리 모두가 깊이 생각해 볼 대목이다.

우리들은 살아가면서 말실수나 거친 언어를 쓰는 경우가 많다. 돌이켜 보면 나도 감정이 격해질 때 거친 말을 내뱉은 적이 있었다. 그때마다 곧바로 후회했다. '아' 다르고 '어' 다르다는 말을 되새기며 앞으로는 그러지 않겠노라고 자주 다짐했었다. 변하려고 노력했더니 결국 정말로 변하게 됐다. 놀라운 일이었다. 말은 그 사람을 나타낸다. 자신을 위해서도 좋은 언어 습관을 가져야겠지만, 그보다는 상대방을 사랑하는 마음에서 좋은

---

* 퍼트리샤 에반스, 『언어폭력: 영혼을 파괴하는 폭력에 맞서는 법』, 이강혜 옮김(서울: 북바이북, 2018).

말을 쓰도록 노력해야 한다. 그것만이 아이를 비롯한 모두에게 상처주지 않는 길이다.

사랑해야만
바운스가 생긴다

누구든 자신의 정체성을 나타낼 키워드를 하나쯤 가지고 살아갈 필요가 있다. 바운스도 정체성을 나타낼 핵심어의 하나가 될 수 있다. 영어 사전에서 바운스bounce를 찾아보면, 튀어 오르다, 회복하다, 반사하다, 되돌아오다 같은 동사의 뜻이다. 벽에 맞은 공이 다시 통, 통, 통 튀어올 때도 바운스라는 말을 쓴다. 정신적 회복탄력성을 가리킬 때 리질리언스resilience라는 말을 쓴다면, 물리적 회복탄력성을 의미할 때는 바운스라는 말을 명사로 쓰면 된다.

애플의 에어팟AirPods 광고 '바운스' 편(2019)에서는 사람을 튀어 오르게 하는 물체의 탄성彈性을 통해 정신의 자유로운 회복력을 보여주었다. 광고가 시작되면 깡마른 체격의 남자 모델이 침대에 앉아 공을 벽에 치며 지루해한다. 잠깐 에어팟 케이스가 부각된다. 케이스를 갖기 위해 에어팟을 산다고 했을 정도로 국내에서 관심을 모았던 그 케이스다. 모델은 정장을

171

차려입고 무선 이어폰을 꽂고 거리로 나선다. 전혀 다른 세상이 펼쳐지는 도심을 걸어가니 도시 전체가 거대한 트램펄린trampoline 같다. 광고 모델은 버스 정류장 지붕, 공사장 맨홀 위, 계단 위에서 춤추고 튀어 오르다가 결국 자동차 지붕까지 건너뛰는 곡예를 선보인다. 무중력 상태라도 되는 듯 벽에서 튕겨 나오기도 한다. 새처럼 빌딩 꼭대기로 솟구쳐 오른 모델이 여유로운 미소를 짓자 "무선 충전까지"라는 자막이 나오며 광고가 끝난다.

촬영 기법, 광고 모델, 배경 음악에서 놀라운 실력을 발휘한 광고였다. 컴퓨터 그래픽CG을 전혀 쓰지 않은 촬영 기법은 놀라웠다. 우크라이나 키이우의 한 마을을 통째로 빌려 바닥을 2미터나 파내고 트램펄린을 설치해 모델이 튀어 오르는 순간을 직접 촬영했다. 프랑스의 공연 예술가 요안 부르주아Yoann Bourgeois는 트램펄린 퍼포먼스로 유명하다. 통통 튀는 바운스의 특성을 제대로 연기한 광고 모델이었다. 자메이카의 음악인 터셀레이티드Tessellated의 「I Learnt Some Jazz Today」(2016)가 배경음악으로 쓰였는데, 재즈풍의 음악은 통통 튀는 광고 모델의 움직임과 조화를 이뤘다.

광고에서는 에어팟의 활동성과 무선 충전 기능을 직접 설명하지 않고, 장소에 상관없이 충전한다는 소비자 혜택을 바운스 액션에서 간접적으로 느끼게 했다. "장소를 가리지 않는다"는 카피는 무선 충전 기능을 알리는 메시지였지만 지루한 인생에서 벗어나라는 뜻도 담고 있었다. 2019년에 2700만 건 이상의 조회 수를 기록한 이 광고는 광고 전문지 ≪애드위크 Adweek≫에서 선정한 2019년 최고의 광고 25개에 포함됐고, 2020년에는 제99회 ADC 어워즈에서 최고상도 받았다.

애플 에어팟의 광고 '바운스' 편(2019)
© Apple

현대자동차 페이스북facebook.com/abouthyundai에서 진행한 '쏘나타 더 브릴리언트 사운드 프로젝트' 캠페인(2013)에서는 당시에 갓 나온 조용필 씨의 19집에 수록된 신곡 「바운스BOUNCE」를 널리 활용했다. 광고 카피는 이렇다. "소리와 가장 먼 사람들까지도 소리와 함께 달리게 하는 법. 14살 대한이가 태어나 처음 들은 건, 4분 28초의 노래가 아닌 4분 28초의 기억이었다. 조용필 씨의 재능 기부로 많은 아이가 뮤직시트에서 'Bounce'를 체험할 수 있게 됩니다." 현대자동차와 서강대학교 영상대학원은 조용필 씨의 신곡을 청각 장애인들이 생동감 있게 느껴볼 수 있는 음원을 만들기 위해 한 달간 협업을 진행했다. 결국 특수 제작된 '쏘나타 터처블 뮤직시트SONATA Touchable Music Seat'에 장착된 진동 센서와 진동 스피커에 맞는 새로운 전용 음원을 만드는 데 성공했다.

조용필 씨가 재능 기부를 했기에 가능했던 이 캠페인을 통해 청각 장애인들은 「바운스」라는 노래를 느껴볼 수 있었다. 현대자동차는 고객들의 응원을 바탕으로 전국 10곳의 농아 학교에 뮤직시트와 빔 프로젝터를 갖춘 다섯 개의 멀티미디어관을 기증했다. 이 프로젝트를 알리는 광고 영상은 유튜브를 비롯한 소셜 미디어에서 400만 명이 시청할 정도로 특별한 관심을 모았다. 청각 장애인들은 이 캠페인을 통해 태어나 처음으로 음악을 듣는 감동을 느꼈을 것이다. 나쁜 광고들 때문에 광고가 지탄의 대상이 될 때도 있지만, 이 캠페인은 광고의 선한 영향력을 보여주었기에 사람들의 마음을 '바운스'하게 만들었다.

광고에서는 음악과 함께 꿈을 향해 힘차게 튀어 오르는 바운스의 가치를 강조했다. 바운스란 탄성이다. 우리가 살아가는 동안 아쉬움이 있더라

현대자동차의 '브릴리언트 사운드 프로젝트' 캠페인(2013)
© 현대자동차

도 다시 튀어 오르게 하는 에너지다. 조용필 씨의 「바운스」에서는 심장이 바운스 바운스 하며 두근대다 들릴까 봐 겁나는 연인 간의 심리를 노래했다. "처음 본 순간부터 네 모습이 내 가슴 울렁이게 만들었어. Baby you're my trampoline. You make me bounce bounce." 에어팟 광고의 핵심 장치인 트램펄린이 「바운스」의 노랫말에도 등장했다. 트램펄린은 공중 곡

예 서커스에서 착안해 미국에서 1930년대에 등장한 스포츠로, 공중에 튀어 올라 다양한 묘기를 보여주는 체조의 한 분야다.

네가 나를 바운스하게 한다는 노랫말은 가슴을 콩닥거리게 하는 트램펄린이 마음속에서 계속 작동하고 있다는 의미를 내포하고 있다. 애플의 에어팟 광고 제목에서나 조용필 씨의 노랫말 제목에서나, 바운스는 공처럼 통통통 튀어 오르며 살아가는 인생의 긍정적인 에너지를 강조하려는 뜻으로 쓰였다. 바운스가 제목에서 명사로 쓰였다 하더라도, 광고에서나 노래에서나 전하고자 했던 핵심 메시지는 움직인다는 동사의 뜻을 지향했다.

바운스에서 바는 '바람대로', 운은 '운치 있게', 스는 '스며들기'라는 뜻으로 의미 부여를 해보면 어떨까 싶다. 자신의 바람대로 운치 있게 살아가며 상대방의 마음속에 스며드는 사람. 그런 바운스 인생을 지향한다면 꽤 괜찮은 삶이 눈앞에 펼쳐질 것이다. 바라보는 사람들은 바운스 인생의 탄성彈性에 탄성歎聲을 자아낼 수밖에 없을 터다. 이런 뜻을 새기며 바운스를 인생의 키워드로 삼는 사람이 있다면 존경하고 사랑할 만한 가치가 있다. 진정으로 사랑해야 바운스가 생긴다.

어르신과 벗이 된
인공지능

　젊은이라면 몰라도 어르신에게 인공지능AI은 저 멀리 있는 괴물로 인식될 수 있다. 인공지능은 과연 괴물일까? 초고령 사회를 앞두고 인공지능이 괴물이 아니라는 조짐이 여기저기서 나타나고 있다. 인공지능을 활용한 어르신 돌봄 서비스가 대표적이다. 그뿐만 아니라 어르신의 활동을 분석한 인공지능 빅데이터는 정부에서 노인복지 정책을 기획할 때 값진 자료로 활용되고 있다.

　우리나라가 2025년에 초고령 사회에 진입하는 상황에서 2020년 이후부터는 생활 복지사 한 명이 독거 어르신 25명을 돌봐야 하는 현실이다. 사람이 24시간 내내 어르신들을 돌보기는 어렵다. 이런 어려운 현실에서 정보통신기술과 연계한 맞춤형 돌봄 복지 서비스를 24시간 내내 365일 동안 제공한다면, 안심 케어 수준이 향상돼 노인복지의 사각지대를 해소하는 데도 도움이 될 것이다.

SK텔레콤의 초超시대를 알리는 광고 '행복 생활' 편(2019)에는 인공지능 돌봄 서비스를 받는 어르신 네 분이 직접 출연했다. 광고가 시작되면 할머니 한 분이 평상에 앉아 "무릎이 시큰하이 비가 올랑가?" 하며 무릎을 짚는다. 이때 곁에 있던 아리(인공지능 스피커 NUGU의 캐릭터 이름)가 "내일까지 날씨가 화창해요"라며 알려주자, 할머니는 "흥! 내 80년 촉을 무시하고"라면서 겨우 한 살짜리 스피커가 뭘 알겠냐는 듯 아리를 흘겨본다. 혼자 화투를 치던 다른 할머니는 고도리가 나오자 "아따 고도리네. 귀인이 오실랑가?" 하며 좋아하자, 아리는 다시 "오늘 운세는 몸조심하는 게 좋겠어요"라고 알려준다. 귀인을 기다리듯 꽃단장하던 할머니는 산통 깨는 아리를 향해 이렇게 말한다. "엥? 내 흥을 다 깨불고."

채소를 다듬던 다른 할머니는 심심했는지 아리에게 말을 건다. "재밌는 얘기 좀 해봐라!" "발이 두 개 달린 소는 이발소랍니다." 아리의 아재 개그를 듣던 할머니는 피씩 웃으며 "날 실없게 맨드는 너! 근데도 밉지가 않타"고 한다. 아리는 다른 집에 홀로 누워 있는 할머니께 "김포 댁의 전화에요"라며 전화가 왔음을 알려준다. 김포 댁이 "생일인데 혼자 뭐해?"라며 할머니를 위로하자, 할머니는 "걱정 마라. 이제 내 혼자 아이다"라고 응답한다. "아리야! 내 귀빠진 날인데 노래하나 틀어도"라고 하자, 인공지능 스피커에서는 "야야야~ 내 나이가 어때서"라는 노래가 곧바로 흘러나온다. 노래에 맞춰 흥겹게 춤추는 할머니. "홀로 어르신들을 위한 인공지능 돌봄 서비스"에 이어 "기술이 이웃이 되는 시대. 초시대, 생활이 되다"라는 내레이션이 나오며 광고가 끝난다.

이 광고에서는 인공지능 돌봄 서비스가 행복한 커뮤니티를 만들어간다

SK텔레콤의 광고 '행복 생활' 편(2019)
© SK텔레콤

는 메시지를 실감 나게 전하고 있다. 네 명의 독거 어르신이 음성인식 AI 스피커 누구NUGU와 함께 생활하는 이모저모를 '일상의 단면' 형식으로 표현했다. 이 광고에서는 '누구'의 다양한 기능을 소개하면서도 연출하지 않은 것 같은 자연스러운 생활 연기가 인상적이다. 광고 모델로 참여한 할머니들은 인공지능이 괴물이 아니라 '기술이 이웃이 되는 시대'를 앞당기는 돌봄 서비스의 첨병이라는 사실을 누구나 공감하도록 하는 데 기여했다.

사실 이 광고는 '사회성과보상사업'을 알리는 시범 사업과 맥락이 닿아 있다. 사회성과보상사업이란 먼저 민간에서 투자해 어떤 사회적 성과를 창출하면 나중에 정부에서 그 성과를 구매하고 보상하는 개념이다. 이 사업은 민간에서 투자해 공공사업을 수행한 뒤 목표를 달성하면 정부에서 투자자에게 원금과 이자를 상환함으로써 성과를 구매하는 사회성과연계채권Social Impact Bond: SIB*을 활용하는 구조로 진행된다. 정부에서는 성과를 달성할 때만 예산을 집행하므로 예산의 효율성이 증가하고 민간에서는 창의적인 아이디어를 활용해 사회 공헌을 실현하며 수익을 창출하는 기대 효과가 있다..

이런 맥락에서 SK텔레콤도 2019년 4월에 사회적 기업 '행복한 에코폰'과 전국의 여덟 개 지자체와 손을 맞잡고 독거 어르신 2100여 명에게 인

---

* 네이버 지식백과, "사회성과연계채권(SIB)", 네이버(검색일: 2023.6.30.). 사회성과연계채권은 정부가 민간 운영업체에 정책 과제를 위탁한 후 민간업체가 정책 수행 목표를 달성할 경우 관련 사업비에 이자를 더해 지급하고, 실패할 경우 한 푼도 지급하지 않는 성과급 투자 방식이다.

공지능 돌봄 서비스 시범사업을 실시했다. 이 서비스는 사회적 기업, 중소기업, 대기업, 지역 기관, 정부와 지자체가 공동으로 추진함으로써 사회적 성과를 창출할 가능성을 더 높였다. 인공지능 스피커가 지금까지 3000가구 이상에 도입되었으니 인공지능을 활용한 노인복지 시대가 바야흐로 코앞에 다가온 셈이다.

인공지능 스피커는 독거 어르신들에게 기상 알람, 날씨와 운세 확인, 일정 알림, 치매 예방, 음악 힐링, 맞이 인사, 감성 대화, 심신 안정 및 불면증 치유 같은 여러 서비스를 제공하고 있다. 아리와 감성적인 대화를 하다 보면 어르신들은 외로움이나 고독감을 덜 느낄 것이다. 아리가 안전하게 약을 드시도록 복약지도服藥指導를 해주면 어르신들의 건강관리에도 효과가 있으리라. 어르신들이 "아리아! 살려줘"나 "아리아! 긴급 SOS" 같은 말을 외치면 위급 상황을 인지한 아리는 ICT케어센터에 자동으로 알려준다. 조사 결과를 보면 스마트폰이나 인터넷이 없는 어르신들이 인공지능 스피커를 활용한 비율이 두 배 이상이나 높았다. 인공지능 스피커가 어르신의 정보격차를 해소하는 데도 기여하고 있는 셈이다.

우리나라는 세계 최초로 5G 시대를 선언했다. 그렇게 되면 기술로부터 소외감을 느끼는 계층도 당연히 존재하게 마련이다. 독거 어르신은 초超 시대의 사각지대에 놓일 가능성이 가장 높은 집단이다. 따라서 인공지능 스피커는 어르신 곁에서 정다운 말벗(감성 대화)이 되어 마치 딸이나 아들 같은 사랑의 피붙이 역할도 할 것이다. 이렇게 되면 '기술이 이웃이 되는 따뜻한 세상'이 우리네 일상생활 속으로 성큼 다가왔다고 할 수 있지 않을까?

치매를 대신할
다른 명칭을

노인 인구 1000만 명 시대에 65세 이상의 노인 중 치매 환자가 2024년 이후에는 100만 명을 넘어설 것이다. 치매dementia란 정상적으로 생활하던 사람이 뇌 손상을 입어 기억력, 언어력, 판단력 같은 인지 기능이 떨어져 일상생활을 하는 데 지장이 나타나는 상태이다. 김혜자 씨가 열연했던 드라마 〈눈이 부시게〉(2019)나 안소니 홉킨스Anthony Hopkins 씨가 노배우의 열정을 보여준 영화 〈더 파더The Father〉(2020)에서는 치매 환자가 겪게 되는 현실적인 어려움을 절절하게 묘사했다. 그동안 국내외에서 치매 문제를 다룬 광고도 많았다.

일본의 배달 초밥 전문점인 긴노사라銀のさら의 광고 '어머니와 아들' 편(2012)을 보자. 할머니, 아빠, 엄마, 손자가 둘러앉아 초밥 먹는 장면에서 광고가 시작된다. 단란한 가정에서 손자가 화제의 중심일 수밖에 없다. "그러고 보니 운동회구나." "다음 주예요." "재미있겠다." 이런 말을 주고

받으며 화제가 무르익어 가는데, 갑자기 할머니가 식탁에서 일어서며 존댓말을 한다. "잘 먹었습니다. 자, 그럼 저는… 천천히 갈게요." 당황한 아들이 "여긴 우리 집이잖아요" 하자, 할머니는 물끄러미 아들을 바라보며 이렇게 묻는다. "당신은 누구세요?" "사토시예요. 아들이에요."

장면이 바뀌자 동네 소아과 병원이 나오고 할머니와 아들과 손주가 함께 있는데, 앞서의 컬러 화면이 아닌 흑백 화면이다. 과거로 돌아갔다는 뜻이다. "할머니: 여기요. 들여보내주세요." "아들: 어머니, 어머니. 여기는 병원이에요. 우리 집은 저쪽이에요." "할머니: 당신 누구세요?" "손주) 봐 주세요!" "아들: 어머니… 집에 가요." 다시 장면이 바뀌자 집 안 식탁이다. "할머니: 아, 다카다 씨! 그럼 앉겠습니다." 손자는 할머니를 물끄러미 쳐다본다. 초밥 한 점을 집으려하는 아들의 손길을 막으며 할머니는 이렇게 말한다. "저기… 그건 아들 사토시에게. 사토시를 위해 남겨주실래요? 그 아이는 참치 초밥을 정말 좋아해서요."

다시 흑백 화면으로 바뀌고 할머니는 과거로 돌아가 이렇게 말한다. "우리가 가난하던 때도… ("잘 먹겠습니다"라고 하며 초밥을 먹는 소년 사토시의 모습이 흑백으로 등장) 참치 초밥만큼은 무리해서라도 사먹였어요. 근데 울 애기, 낙서했었지? 그래도… 그 아이는 몸이 약해서 말이죠. (엄마 등에 업혀 병원에 도착한 어린 아들) 사토시! 힘 내! 조금만 가면 돼. 부탁드려요. 저는, 아이가 건강히 살아가게만 해주세요라고. (계속 너무 아파해요. 열이 안 떨어져요) 그것만 바랄 뿐이었어요."

할머니의 말을 듣던 손자는 재치 있게 이렇게 말한다. "사토시 군은 있잖아요. 건강한 어른이 됐어요. 친절하고, 키 크고 말이죠. 저, 알고 있어

긴노사라의 광고 '어머니와 아들' 편(2012)
© 銀のさら

지금은 우리가 사랑해야 할 시간

요." 할머니는 반색하며 손자에게 묻는다. "그래요? 기쁘네요." 다시 흑백 화면으로 바뀌고 과거로 돌아가 어린 사토시가 엄마에게 묻는다. "내가 죽어버렸다면 어떻게 되는 거야?" "다시 한번 낳아 줄게." 엄마(지금의 할머니)의 대답이 가슴을 먹먹하게 한다. 마지막에 가서는 초밥 먹는 장면을 카메라가 위에서 내려다보는 시점인 부감俯瞰으로 촬영해 이런 자막을 붙였다. "가족은 함께 해야 강해진다." 그리고 "마음껏 이야기하자. 마음껏 웃자いっぱいしゃべろう, いっぱい笑おう"라는 긴노사라의 슬로건이 뜨며 광고가 끝난다.

이 광고에서 배달 초밥은 치매認知症 노인에게 있어 현재의 현상과 과거의 기억을 연결하는 매개체이다. 일본어에서 윤輪은 동그란 원을 뜻하니, 광고에서는 동그란 배달 초밥 그릇을 둘러싸고 가족들이 모여 앉아 마음껏 이야기하고 웃자는 메시지를 전달했다. 카피의 원문은 "가족은 원이 돼야 강하게 된다家族は輪になって, 強くなる"이다. 하지만 "가족은 함께 해야 강해진다"로 의역해야 우리말 카피의 말맛이 살아난다.

광고에서는 현재 일어나는 현상은 컬러 화면으로, 과거의 기억은 흑백 화면으로 처리해 교차 편집을 했다. 최근의 일은 거의 기억하지 못하고 과거사는 잘 기억하는 치매 환자의 특성을 반영한 조치였다. 치매 상태에서도 아들 사랑을 잃지 않는 엄마의 마음을 어떻게 헤아릴 수 있으랴. 어린 아들이 "내가 죽어버렸다면 어떻게 되는 거야僕 死んじゃったらどうなるの?" 하고 묻자, 젊은 엄마가 "다시 한번 낳아 줄게もう一回 産んであげるわよ"라고 말해 주는 장면을 보라. 엄마라는 존재만이 표현할 수 있는 위대한 모성애가 아닐 수 없다.

치매 환자가 100만 명을 넘어설 정도로 증가하는 상황에서 치매에 대한 사회적 관심이 어느 때보다 절실하다. 의료계 일각에서는 어리석을 치癡와 어리석을 매呆의 합성어인 치매라는 말을 바꿔야 한다는 주장이 꾸준히 제기되어 왔다. 어리석고도 어리석은 사람이라니, 이런 명칭이 과연 바람직한가? 일본의 정신의학자 쿠레 슈우조吳秀三가 1908년에 치매라는 병명을 제안한 이후 1927년에 일본어 사전에 등록됐다. 우리나라에서도 일제강점기부터 지금까지 이 말을 계속 써오고 있다.

하지만 치매라는 말을 처음으로 썼던 일본에서는 이 말이 모멸감을 유발한다며 병명을 바꿨다. 2004년에 후생노동성이 의학적 인지 장애라는 뜻의 '인지증認知症'으로 바꾸기를 권고한 이후 지금은 치매라는 말이 사라졌다. 대만도 2001년에 '실지증失知症'으로 바꿨고, 홍콩은 2010년에 중국은 2012년에 '뇌퇴화증腦退化症'으로 병명을 개정했다.* 모두 한자 문화권인데도 우리나라에서만 유일하게 치매를 그대로 쓰고 있어 안타깝다. 치매환자 100만 시대에 병명 바꾸기 캠페인을 시급히 전개해야 한다.

우리 사회에서 치매 환자를 보호하는 일은 더더욱 중요해졌다. "치매 걸렸냐?" 약속을 까먹으면 이런 농담도 하는데, 앞으로는 이런 말도 조심해야 한다. 치매의 초기 증상에서 대표적인 것은 기억력 장애다. 치매 환자는 경험한 것들을 망각하고 판단력도 차츰 떨어질 수밖에 없다. 그렇지만 치매 환자가 기억은 잃을지라도 인생을 잃는 것은 아니다. 모두가 치

* 　김현우, "병명 개정 캠페인: '치매 걸렸니?' 일본에서 온 명칭, 이젠 바꾸자", ≪여성경제신문≫, 2021년 7월 26일 자. http://www.facten.co.kr/news/articleView.html?idxno=203610

매 환자에 더 깊은 관심을 가져야 하는 이유다. 광고 카피에 말했듯이, 가족이 함께 모여 마음껏 이야기하고 웃으며 치매 환자가 인생을 잃지 않도록 배려하는 가족 사랑이 중요하다. 치매 명칭을 바꾸는 사회적 캠페인도 곧바로 시작해야 한다. 정부 부처에서 치매 명칭을 개정하는 공공 캠페인을 적극적으로 추진해 주기를 기대한다.

살맛나는 세상 만들기, 사회적 사랑

제4부 '살맛나는 세상 만들기, 사회적 사랑'에서는 가족 사랑과 이웃 사랑을 넘어 생활 공동체와 지구촌 곳곳에 사랑을 베푸는 사회적 사랑의 가치를 설명했다. 광화문글 판의 글맛, 메멘토 모리가 중요한 이유, 자신을 내주는 사 랑의 개념, 시대를 위로하는 사랑의 메시지, 장애인을 배 려하는 방법, 노인 학대의 심각성, 반려견 헌혈의 윤리적 쟁점, 온 누리에 베푸는 사랑, 지구촌의 화해와 사랑 같은 주제를 발굴해 모두가 사회적 사랑에 동참하기를 권고했 다. 책을 읽다 보면 살맛 나는 세상을 만들어가는 데 있어 서 어째서 사회에 대한 포괄적인 사랑이 그토록 중요한자 공감하게 될 것이다.

숭늉 맛과 같은
광화문글판

거리에서 만나는 한 줄의 글이 걸어가는 행인들의 마음을 달래주기도 한다. 지난 30년 동안 희망과 위로를 전하며 시민들에게 호평을 받은 광화문글판이 어느새 30주년을 넘어섰다. 광화문글판은 브랜드 이미지를 형성하는 데 기여하는 기업 커뮤니케이션이지만 시민들에게 감동을 주는 공공 언어의 기능도 맡아왔다. 특정 대상을 겨냥하지 않고, 모든 사람이 이해할 수 있는 내용을 모든 행인이 볼 수 있게 했으니, 광화문글판은 오랫동안 우리 사회 속에 사랑을 전했다고 평가할 수 있다.

교보생명이 시민 공모로 선정한 '광화문글판 30년 기념' 편(2020)의 내용은 "세상 풍경 중에서/ 제일 아름다운 풍경/ 모든 것들이 제자리로 돌아오는 풍경"이었다. 이 글판은 시인과 촌장의 노래 「풍경」에서 가져왔다. 1980년대에 활동했던 시인과 촌장은 서정적인 노래로 사랑받았던 포크 밴드다. 모든 것들이 제자리로 돌아오라는 소망을 담은 노랫말은 우리가 잃어버린 것들을 되돌아보게 한다. 어느덧 정상처럼 돼버린 비정상의 일상은 물론, 한때의 판단 착오로 놓쳐버린 사랑을 되찾고 싶은 때늦은 후회마저도. 그동안 인기를 끌었던 광화문글판의 내용을 몇 가지 살펴보자.

　도종환 시인의 「흔들리며 피는 꽃」은 2004년 봄에, 장석주 시인의 「대추 한 알」은 2009년 가을에, 문정희 시인의 「겨울사랑」은 2009년 겨울에, 괴테의 말을 변용한 "지금 네 곁에 있는 사람, 네가 자주 가는 곳, 네가 읽는 책들이 너를 말해준다"라는 명언은 2010년 가을에, 정현종 시인의 「방문객」은 2011년 여름에, 나태주 시인의 「풀꽃」은 2012년 봄에 게시됐다. 그리고 방탄소년단(BTS)의 노래 가사도 소재로 쓰였다. 넘어져도 괜찮고 좀 다쳐도 괜찮다는 「RUN」의 노래 가사는 2020년 여름의 첫 번째 소재로, 때때로 지치고 아파도 사랑하는 이와 함께라면 웃을 수 있다는 「A Supplementary Story: You Never Walk Alone」의 노래 가사는 2020년 여름의 두 번째 소재로 쓰였다. 광고 카피로 쓰인 시와 노래 가사는 광화문글판 그림에서 확인할 수 있다.

　1991년, 서울 광화문의 교보빌딩 건물 외벽(가로 20m×세로 8m)에 웅장한 글판이 등장했다. "우리 모두 함께 뭉쳐 경제 활력 다시 찾자"라는 '경제 활력' 편(1991년 1월)이 처음 나왔을 때만해도 이 캠페인이 30년 이상 지속될 것이라고 누구도 예상치 못했으리라. 초기에는 명언이나 격언에 경제 개념을 담아 표어 스타일로 전달하는 내용이 많았다. 외환위기 때부터는 위로와 희망의 메시지가 주로 등장했다. 1998년 봄에 고은 시인의 「낯선 곳」이 등장하면서부터 시어詩語 위주로 내걸렸다. 글판의 교체 빈도는 초창기부터 해마다 1~3회 정도로 부정기적으로 바꾸다가, 2003년부터는 계

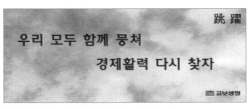

跳 躍

우리 모두 함께 뭉쳐

경제활력 다시 찾자

교보생명

'경제 활력' 편(1991년 1월)

흔들리지 않고 피는 꽃이 어디 있으랴

그 어떤 아름다운 꽃들도

다 흔들리며 피었나니

KYOBO 교보생명

'흔들리며 피는 꽃' 편(2004 봄)

대추가 저절로 붉어질 리는 없다
저 안에 태풍 몇개
천둥 몇개, 벼락 몇개

'대추 한 알' 편(2009 가을)

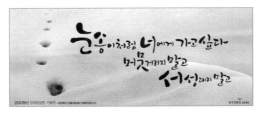

눈송이처럼 너에게 가고싶다
머뭇거리지 말고
서성대지 말고

2009년 경제광금관 겨울편

KYOBO 교보생명

'겨울사랑' 편(2009 겨울)

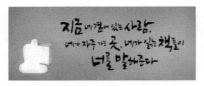

'너를 말해 준다' 편(2010 가을)

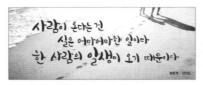

'방문객' 편(2011 여름)

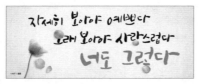

'들꽃' 편(2012 봄)

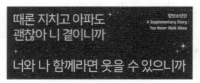

'광화문글판 BTS 두 번째 특별' 편(2020)

'광화문글판 30주년 기념' 편(2020)
© 교보생명

절의 변화에 맞춰 연 4회씩 정기적으로 바뀌어 오늘에 이르고 있다.

시적 표현이 인상적인 광화문글판은 순수문학의 성격을 띠지만, 아날로그 브랜드스케이핑Brandscaping의 기능을 수행했다. 광화문글판은 수용자 태도에 영향을 미쳐 교보생명의 브랜드 이미지를 제고하는 데 기여했다고 평가할 수 있다.[*] 조금 전문적인 용어를 써보면, 광화문글판은 기업의 공유가치창출Creating Shared Value: CSV에 기여하는 기업 커뮤니케이션 활동의 일환으로 진행됐다. 공유가치창출이란 사회적인 요구와 문제를 해결하며 경제적 성과를 창출하려는 장기적 관점의 기업 활동이다. 공유가치를 창출하려면 먼저 기업의 경영 철학과 비전을 정립해 알려야 하는데, 광화문글판은 교보생명의 경영 철학과 가치를 소비자들에게 굳이 설명하지 않고도 교보생명을 인지하게 하는 데 크게 기여했다.

교보생명의 경영 철학과 가치를 알리려고 텔레비전 광고를 했더라면 아마도 천문학적인 광고비가 들어갔을 것이다. 그렇게 하지 않고서도 기업이 좋은 평판을 유지하고 있으니, 비용 대비 효과를 중시하는 광고 효과성 측면에서도 광화문글판의 가성비가 높았다고 평가할 수 있다. 30주년을 맞이해 교보생명에서 글판의 역대 문안을 엮어『광화문에서 읽다 거닐다 느끼다』(2020)를 출간한 것도 기업에 대한 호감도를 확산하는 데 기여할 것이다.[**]

---

[*] 이은경, 「아날로그 브랜드스케이핑(Brandscaping)이 기업에 대한 수용자 태도에 미치는 영향: 교보생명 '광화문글판' 중심으로」, 홍익대학교 산업미술대학원 석사논문(2014).

[**] 광화문글판 문안선정위원회, 『(개정증보판) 광화문에서 읽다 거닐다 느끼다』(서울: 교보문고, 2020).

옥외광고가 디지털 사이니지로 진화하면서 마치 동영상 광고처럼 휘황 찬란해지는 추세와는 달리, 글판은 전통적인 간판 스타일의 틀을 그대로 유지하고 있다. 디지털 사이니지가 청량음료를 마시는 기분이라면, 광화 문글판의 내용을 읽다 보면 마치 숭늉을 마시는 것 같다. 더욱이 글판은 문학작품에서 내용을 변용해 새 의미를 창출하고 우리말의 깊은 맛을 살 려냈으며 한글 서체의 품격도 높였다. 따라서 광화문글판은 브랜드를 알 리기 위한 보통의 옥외광고와는 비교할 수 없을 정도로 수준 높은 작품이 었다.

희망과 응원의 메시지를 25자 안팎에서 보여주는 광화문글판은 일상에 지친 사람들에게 사색의 창窓이라는 여유를 잠시나마 갖게 한다. "삶이란 나 아닌 그 누구에게도 기꺼이 연탄 한 장이 되는 것"(안도현, 「연탄 한 장」) 이 아닐까? 세상 사람들 모두가 저마다의 삶을 한 줄의 감동적인 시처럼 노래하는 세상이 바로 광화문글판의 지향점인 듯하다. 지나온 30년을 넘 어 앞으로의 30년 동안에도, 광화문글판이 우리 모두에게 힘이 되는 사회 적 사랑의 메시지가 되기를 바란다.

코로나 시기의 메멘토 모리

　죽음은 예고 없이 찾아온다지만 코로나19로 사망하신 분들의 장례는 너무 황망하게 치러졌다. 보통의 죽음과 달리 사랑하는 사람과 제대로 작별할 시간도 없었다. 2020년에 코로나19로 인한 사망자가 6000여 명에 이른 브라질에서는 아파트형 묘지까지 등장했다. 이런 판국에 제대로 장례식을 치르기는 언감생심 꿈도 꿀 수 없었다. 그 대신 조금 여유가 있는 사람들은 언론에 부고 기사나 부고 광고를 내서 고인을 추모했다.

　코로나19 사태로 인한 혼돈은 국내외를 막론하고 사정이 비슷했지만, 외국에서는 언론에 부고 기사나 부고 광고를 내서 고인을 추모하고 기록하려 한다는 점이 국내 사정과 조금 차이가 있었다. 생물학적 죽음은 누구에게나 공평하지만 사회학적 차원에서 바라보는 죽음은 그 의미가 다르다. 서양에서 유명인이 아닌 일반인들도 언론에 부고 기사나 부고 광고를 적극적으로 내는 현상은 우리나라와 서양의 문화적 차이일 수 있다.

사람들은 지금 웰빙에 관심이 많지만 앞으로는 '잘 죽기well-dying'에 더 관심을 가질 것이라고 한다. 이승의 삶은 저 세상으로 가는 여정이며 인간은 지상의 여행자에 불과하다는 관점도 있다. 죽음 앞에서 모든 것이 허망하다며 허무주의 관점에서만 죽음을 바라본다면 세상 그 무엇도 애착할 필요가 없으리라. 하지만 돌아서서 하루만 지나도 뭔가에 다시 집착하는 우리들이다. 관점에 따라 부고 기사나 부고 광고도 집착의 일종이거나 인생의 사족蛇足일 수 있다. 하지만 국내 신문에서 극소수의 죽음을 알리는 것과는 달리 외국 신문에는 상당량의 부고 소식이 지면을 채운다. 코로나19 사태 이후에는 부고 기사나 부고 광고의 물량이 평소보다 몇 배나 늘었다.

미국에서 영향력 있는 일간지의 하나인 ≪보스턴 글로브The Boston Globe≫의 2020년 4월 19일 자에는 16개면에 걸쳐, 4월 26일 자에는 21개의 지면에 걸쳐 부고 기사와 부고 광고를 실었다.* 날이 갈수록 부고 지면이 증가했다. 미국 뉴저지의 일간지 ≪스타레저The Star-Ledger≫의 4월 12일 자에는 9면에 걸쳐 모두 109개의 부고 기사와 부고 광고를 실었다. 루이지애나 지역에서 발행하는 ≪타임스-피커윤Times-Picayune≫과 뉴올리언스 지역의 ≪애드버킷The Advocate≫에도 4월 21일 자 신문에 8면에 걸쳐 부고 지면을 할애했다.

---

* Jaclyn Reiss, "Sunday's Boston Globe runs 21 pages of death notices as coronavirus continues to claim lives," *Boston Globe*, April 26, 2020, https://www.bostonglobe.com/2020/04/26/nation/sundays-boston-globe-runs-21-pages-death-notices-coronavirus-continues-claim-lives/

미국 ≪보스턴 글로브≫ 21면에 걸쳐 실린 부고들(2020.4.26.)
© The Boston Globe

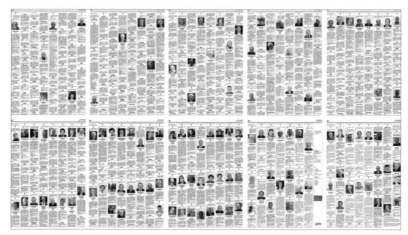

이탈리아 ≪레코 디 베르가모≫ 10면에 걸쳐 실린 부고들(2020.3.13.)
© L'Eco di Bergamo

제4부 _ 살맛 나는 세상 만들기, 사회적 사랑

유럽의 언론에도 부고가 자주 등장했다. '죽음의 도시'로 불렸던 이탈리아 북부 롬바르디아주의 베르가모에서 발행되는 ≪레코 디 베르가모L'Eco di Bergamo≫에도 2020년 3월 내내 날마다 150명 넘는 고인들의 부고가 게재됐다.* 이탈리아에서도 가장 피해가 컸던 베르가모 지역의 참혹한 현실이 고스란히 부고에 반영됐다. 평소에 2~3개면에 그쳤던 이 신문의 부고 지면은 10여 쪽으로 늘어났다. 3월 14일 자에는 11면, 15일 자에는 10면, 16일 자에는 10면이 부고 지면이었다. 4월과 5월에도 계속 10면 이상을 할애해 부고 기사와 부고 광고를 실었다.

한 사람의 죽음은 가족의 기억에 국한되는 사적 영역이지만 미디어는 그 사람의 죽음에 사회적 가치를 부여해 재구성한다. 이완수는 『부고의 사회학』(2017)에서 한국 사회에서 부고란 과거와 현재는 물론 사적 영역과 공적 영역을 하나로 묶어 집단적으로 기억하는 행위이자 사회적으로 기억해야 할 가치 있는 것만 제시하는 '작은 창문'이라고 했다. 저자는 혈연·지연·학연과 같은 '매연媒緣'의 개념을 제시하며, 매체를 통해 정보를 서로 공유하고 비공식적으로 서로 관계 맺기를 확장하는 것이 매연이라고 정의했다.** 미디어가 매개하는 새로운 형태의 연고주의가 매연인데 부고 기사가 미디어 인연을 생성한다는 뜻이다.

• Chico Harlan and Stefano Pitrelli, "In an Italian city, obituaries fill the newspaper, but survivors mourn alone," *Washington Post*, March 16, 2020. https://www.washingtonpost.com/world/europe/coronavirus-obituaries-bergamo-italy/2020/03/16/6c342f02-66c7-11ea-b199-3a9799c54512_story.html

•• 이완수, 『부고의 사회학』(서울: 시간의 물레, 2017).

부고 광고에 등장하는 권력관계는 편차가 더 심하다. 부고 광고를 내려면 가장 비싸다는 부고 광고료를 감당할 만한 재력이 있어야 하기 때문이다. 부고 광고에 등장하는 고인이 부고 기사에 나오는 사람보다 더 막강한 권력을 누린 경우가 많다. 외국의 부고 기사와 부고 광고를 보면서 신라시대의 '제망매가祭亡妹歌'가 문득 떠올랐다. 신라 35대 경덕왕 때(8세기) 월명사月明師가 지은 것으로 알려진 10구체 향가鄕歌인데, 정제된 형식미와 고도의 서정성이 응축된 향가의 백미로 꼽히는 작품이다. 현대어로 옮긴 '제망매가'를 읽어보자.

삶과 죽음의 길은

이(이승)에 있음에 머뭇거리고

나는(죽은 누이) 간다는 말도

못 다 이르고 갔는가(죽었는가)

어느 가을 이른 바람에

여기저기에 떨어지는 나뭇잎처럼

같은 나뭇가지(한 어버이)에 나고서도

(네가) 가는 곳 모르겠구나

아아 극락세계彌陀刹에서 만나볼 나는

불도佛道를 닦으며 기다리겠노라

이 향가의 1~4구에서는 누이의 죽음에서 생사의 갈림길을 생각하며 이별에 대한 안타까움을 묘사했고, 5~8구에서는 생사의 문제를 나무와 낙엽에 비유해 표현했다. 9~10구에서는 죽음을 불교적 세계관으로 승화시키며 다음 세상에서 고인을 만나기를 기원했다.* 이 노래는 죽은 누이의 명복을 빌기 위해 지었다고 한다. 그렇지만 신문도 없고 기자도 없고 당연히 부고 기사도 없던 그 시절에, 월명사는 어쩌면 죽은 누이의 죽음을 널리 알리기 위해 부고obituary 내는 심정으로 향가를 지은 건 아니었을까? 이 향가는 식자층에서만 읽던 『삼국유사』에 실려 있다. 그렇기 때문에 나중에 뒤늦게 '제망매가'를 읽고 나서 월명사 누이의 죽음을 알게 된 사람들 사이에서 혹시 '매연媒緣'이 작동하지는 않았을까? 외국 언론의 부고 기사와 부고 광고를 보면서 조금 엉뚱하게도 이런 생각을 해보게 된다. 삶이 소중한 이유는 언젠가 끝나기 때문이다. 메멘토 모리Memento Mori, 죽음을 기억하라. 사랑의 흔적을 기억하라!

•   김병희, 「부고 연구에서 배우는 4가지 가치: 이완수의 '부고의 사회학' 서평」, ≪한국사회학≫, 54(2), 249~256쪽.

사랑이란
자신을 내주는 것

김범수 카카오 이사회 의장이 재산의 절반 이상을 사회문제 해결에 기부하겠다고 2021년 초반에 밝혔다. 흙수저도 못 되는 흙 자체로 태어났다고 고백했던 그가 가난을 딛고 일궈낸 5조 원 넘는 재산을 사회에 환원하겠다고 발표하자 존경과 찬사가 쏟아졌다. 그가 기부한 돈은 누군가에게 한 끼의 허기를 달랠 공깃밥이 되어줄 것이다. 밥이 되는 삶이란 누군가에게 도움과 희망을 주는 삶이다. 평생 '밥'으로 살고자 했던 고故 김수환 추기경의 말씀을 광고에서 다시 느껴보자.

한국방송광고진흥공사KOBACO에서 고 김수환 추기경께서 생전에 하신 말씀을 활용해서 만든 공익광고 '밥이 되고 싶습니다1' 편(2009)은 조건 없는 기부 메시지의 고갱이를 보여주었다. 광고는 똑같은 구조를 갖춘 두 편으로 편집됐다. 첫 광고의 흐름은 이렇다. "밥이 되고 싶습니다." 자막과 내레이션이 동시에 흐르며 광고가 시작되면 이런 말이 들려온다. "아내가 남편의 밥이 되어주고, 또 자녀들에게 부모가 밥이 되어주고….” 언젠가 들어본 듯 귀에 익은 목소리다. 김 추기경의 얼굴은 보이지 않지만, 육성으로만 등장한다. 그다음 장면부터는 세 건의 기부 사례를 소개했다.

시장에서 장사를 해서 모은 “40억 원을 장학금으로 기부한 류양선 할머니”(자막)는 “어려운 이웃과 희망을 나누고”, 군인의 길을 걸어온 “근속 30년 기념으로 기부한 맹호부대 장근봉 원사”(자막)는 병사들과 더불어 직접 군화를 닦으며 “외로운 이들과 사랑을 나누고”, 시골에서 강아지와 단둘이 살면서도 “인체 조직과 유산을 기증한 김춘희 할머니”(자막)는 “아픈 이들과 생명을 나누는” 사람이 되고 싶어 한다. “그런 밥이 되고 싶습니다.” 김 추기경의 모습을 그린 자폐아의 그림이 잠깐 등장하고, 추기경의 육성이 다시 들려온다. “사랑은 자신을 내주는 것이다.” 이어서 “나눔으로 세상을 채우는 밥이 되고 싶습니다”라는 내레이션이 나오며 광고가 끝난다.

이어지는 공익광고 ‘밥이 되고 싶습니다 2’ 편(2009)에서도 앞 광고와 똑같은 구조를 유지했다. “밥이 되고 싶습니다.” 자막과 내레이션이 동시에 흐르며 광고가 시작되면 곧이어 그리운 목소리가 들려왔다. “아내가 남편의 밥이 되어주고, 또 자녀들에게 부모가 밥이 되어주고….” 김 추기경의 얼굴은 이번에도 보이지 않고 육성으로만 등장한다. 그다음 장면부터는 기부자의 사례를 엄선해 세 건을 차례로 소개했다.

시장에서 “국화빵 장사로 10년간 기부한 이문희 씨”(자막)는 “희망을 나누고”, 한쪽 팔이 없어 의수를 달고 있지만 “한쪽 팔로 도시락 봉사하는 류재길 할아버지”(자막)는 “사랑을 나누고”, 부부가 함께 병원에 입원해 “장기와 인체 조직을 기증한 조성현, 전형자 부부”(자막)는 “생명을 나누는”

한국방송광고진흥공사의 공익광고 '밥이 되고 싶습니다 1' 편(2009)
© KOBACO

제4부 _ 살맛 나는 세상 만들기, 사회적 사랑

사람이 되고 싶어 한다. "그런 밥이 되고 싶습니다." 김 추기경의 모습을 그린 자폐아의 그림이 잠깐 등장하고, 추기경의 육성이 다시 들려왔다. "사랑은 자신을 내주는 것이다." 이어서 "나눔으로 세상을 채우는 밥이 되고 싶습니다"라는 내레이션이 나오며 광고가 끝났다.

지난 2009년에 김수환 추기경께서 향년 86세에 선종하자 각계각층에서 고인을 추모하는 행렬이 이어졌다. 세계의 주요 언론에서도 사망 소식을 긴급 뉴스로 타전하며 추기경의 일생을 소개했다. 김 추기경이 선종한 후에 방송된 공익광고는 나눔과 기부 문화를 환기하는 데 기여했다. 사후 인체 조직 기증을 비롯해 생명을 나누는 장기 기증의 중요성을 우리 사회에 환기하는 데도 영향을 미쳤다. 2009년 말에 실시한 광고 효과 조사 결과를 보면, 기부 문화와 나눔에 대한 태도에서 광고를 본 시청자의 82.7%가 태도 변화 의향이 있다고 응답했다.

김 추기경께서 선종하자 그때부터 나눔과 기부 그리고 장기 기증에 대한 사회적 관심이 한층 높아졌다. 2009년 당시의 언론 보도를 보면 김수환 추기경이 남기고 간 '사랑의 바이러스' 때문에 기부와 기증 문화가 급속히 확산됐다는 사실을 확인할 수 있다.* 한국 가톨릭을 대표하는 종교 지도자를 넘어 민주화운동 과정에서 깨어 있는 양심이자 가난한 이들의 벗으로 살아온 김 추기경의 일생은 종교를 초월해서 많은 이에게 감동을 주었다. 「Lessons of the heart」라는 노래가 공익광고의 배경음악으로 쓰였는데, 이 노래의 제목처럼 추기경의 일생은 모두에게 '마음의 교훈'을

---

*   ≪문화일보≫, "사설: 사랑과 나눔의 문화, 2009년 새 지평", ≪문화일보≫, 2009년 12월 8일 자.

한국방송광고진흥공사의 공익광고 '밥이 되고 싶습니다 2' 편(2009)
© KOBACO

제4부 _ 살맛 나는 세상 만들기, 사회적 사랑

남겼다.

"밥이 되고 싶습니다." 이 짧은 문구는 김 추기경께서 1989년 서울세계성체대회 때 평화는 내가 남에게 '밥'이 되어줄 때 이루어진다고 강조하며 하신 말씀이었다.[*] 밥은 우리가 일용할 소중한 양식이지만 그 소중함을 잘 모른다. 심지어 우리네 일상에서는 밥을 부정적인 의미로 쓰기도 한다. 우리는 이용당하는 느낌이 들 때 "내가 네 밥이냐?"라고 항변하기도 한다. 밥은 한국 사회에서 가장 소중하면서도 때로는 천덕꾸러기 취급을 받기도 하는 이중적 함의를 갖고 있다. 그런데도 추기경께서는 밥이 되고 싶다고 했다.

밥은 누구나 아는 말이지만 누구의 밥이 되고 싶지는 않을 것이다. 밥이 되기를 실천하기는 더더욱 어렵다. 자기희생이나 참-사랑의 마음이 없다면 불가능한 일이다. "나눌 것이 없다면 함께 울어주는 것만으로도 그들에게 밥이 될 수 있다." 김 추기경께서 생전에 자주 강조하신 말씀이다. 밥은 종교를 초월해 자신의 한평생을 집약한 화두였다. 광고의 마지막 부분으로 되돌아가 보자.

"사랑은 자신을 내주는 것이다." 마지막에 들려오는 김 추기경의 생전 육성은 내어 주지 않고 살아온 우리네 삶을 되돌아보게 했다. 우리는 얼마나 자신을 내어 주며 살았을까? 나 역시 부끄럽기 짝이 없다. 희망과 사랑과 생명을 나누는 밥이 되려고 노력해야 할 것 같다. 김범수 카카오 의

• 　김원철, "추기경 김수환 이야기 56: 제44차 서울세계성체대회," ≪가톨릭평화신문≫, 779호(2004. 6.27.).

장처럼 5조 원을 기부할 수는 없어도 광고에 소개된 보통 사람들처럼 주변을 둘러보면 우리가 할 수 있는 기부 활동은 많다. 기부의 바이러스가 우리 사회의 곳곳에 퍼져나가면 좋겠다. 2월 16일, 김수환 추기경께서 선종하신 날이 돌아오면 그날 하루만이라도 '밥의 의미'를 깊이 생각해야 한다.

시대를 위로해 주는
시의 힘

　상업적 메시지를 대표하는 광고에서 진심을 있는 그대로 전달하기란 쉽지 않은 일이다. 광고 하나로 시대를 위로하기란 더더욱 어렵다. 전하고자 하는 메시지를 드러내 강조해야 하는 것이 광고의 본질이기 때문이다. 따라서 아무리 겸손한 마음으로 진심을 담았다고 하더라도 광고를 상업적 메시지로 받아들일 수밖에 없다. 이것이 광고의 속성이다. 그런데 사진 한 장에 시 한 편을 담아 진심으로 시대를 위로하는 광고들이 있어 흥미롭다.

　KB국민은행의 광고 '간호사' 편(2020)에서는 얼굴에 반창고를 붙인 간호사 사진과 시詩 한 편을 담았을 뿐인데도 있는 그대로의 진심이 느껴졌다. 멋있는 광고 카피도 없고 유명한 모델도 쓰지 않았다. 자세히 살펴보라, 의료용 고글이 닿는 이마와 양쪽 눈 밑에 반창고를 세 군데나 붙인 간호사를. 고된 업무에 지쳤을 법한데도 힘든 내색하지 않고 마스크를 쓴

KB국민은행의 광고 '간호사' 편(2020)
© KB국민은행

제4부 _ 살맛 나는 세상 만들기, 사회적 사랑

채 웃고 있다. 지면 오른쪽에는 손으로 쓴 시 한 편이 있다. "길이 끝나는 곳에서도 길이 있다"로 시작해서 "한없이 봄길을 걸어가는 사람이 있다"로 끝나는 정호승 시인의 시 「봄길」이다.

카피라이터는 시가 끝난 자리에 카피 두 줄을 이렇게 붙였을 뿐이다. "스스로 봄길이 되어 걷는 당신/ KB국민은행도 함께 걸어가겠습니다." 광고를 보다 보면 카피와 시의 관련 양상을 엿볼 수 있다. 광고는 예술이 아니라는 명제가 오랫동안 광고계를 지배해 왔었다. 광고업계에서는 판매 촉진 메시지가 약하고 약간 뜬구름 잡는 느낌이 드는 광고를 만든 사람에게 "예술하고 있네!" 하며 빈정대거나, 지나치게 감성적인 카피를 쓰거나 에둘러 표현하는 카피라이터에게 "시 쓰고 있네!" 하며 조롱하는 경우가 자주 있다. 그런데도 광고에 내재하는 예술적 속성이 결코 가볍지 않기 때문에 광고와 예술의 관련성 문제가 오랫동안 논쟁거리가 돼왔던 것도 사실이다.

시와 광고 카피는 언어의 경제성을 추구한다는 공통점이 있다. 광고 카피의 유형은 다양하지만 시의 구조를 그대로 가져와 쓰는 경우도 있다. 공감을 추구하는 창의적인 커뮤니케이션이라는 점에서 시와 카피는 동질적이다. 시가 인간의 꿈과 정서를 자극하며 언어와 이미지로 독자와 교감하듯, 광고 카피도 소비자의 욕망을 자극하며 상품 메시지를 창조해 소비자를 설득한다. 그렇지만 시 창작이 독자의 정서를 자극하는 비상업적 예술 행위인 반면, 카피 창작은 소비자의 구매를 촉구하는 상업적 글쓰기라는 점에서 이 둘은 뚜렷한 차이가 있다.* 이처럼 광고 카피와 시는 공통점도 있고 차이점도 있다.

광고 창작자들은 다들 힘들었던 2020년 봄에 모두에게 희망을 주는 '일상의 영웅'으로 대구동산병원에서 자원 근무를 하던 간호사 윤 모 씨를 선택했다. 코로나19와 맞서 싸우는 의료진을 소개해 국민에게 위로의 메시지를 전하겠다는 의도였다. 대구동산병원에서 헌신하던 의료진의 모습을 담은 사진이 언론에 알려지기 시작했을 무렵이었다. 광고회사에서는 사진의 원저작자인 뉴스통신사로부터 이용 허락을 얻었고, 윤 간호사로부터 초상권의 사용 허락을 받았다. 또한, 윤 간호사의 사진에 알맞은 시를 카피로 차용하기로 하고 정호승 시인의 시 「봄길」을 선택했다. 광고의 선한 의도에 공감한 시인은 손 글씨로 시를 써서 광고회사에 보내왔다고 한다.

　이런 과정을 거쳐 광고가 나가자 각계에서 숱한 격려 메시지가 쏟아졌다. 이 광고는 2020년에 여러 신문사로부터 광고상을 받았고, 2021년에는 한국광고학회가 주최하는 제28회 올해의 광고상의 인쇄 부문 대상과, 한국광고주협회가 주최하는 제29회 국민이 선택한 좋은 광고상에서 좋은광고상을 수상했다. 코로나19로 어려웠던 시기에 자기 자리에서 묵묵히 최선을 다하는 국민을 응원하기 위해 제작된 광고였다. 광고상 심사에서 국민을 '봄길을 걸어가는 당신'에 비유한 진심이 인정받았다고 할 수 있다.

　사진 한 장에 시 한 편을 담아 사람들의 마음을 달래주는 또 다른 시를 살펴보자. KB금융그룹의 광고 '봄이 오면' 편(2022)을 보면 야산에 진달래가 활짝 피어 있는 봄날의 화사한 장면이 한눈에 들어온다(≪한겨레≫, 2022

●　　김병희, 「카피와 시」, 『광고가 예술을 만났을 때 아트버타이징』(서울: 학지사, 2021), 83~107쪽.

년 4월 4일 자). 앞 광고와 마찬가지로 사진에 시詩 한 편을 담았을 뿐인데도 마치 꽃구경하러 온 듯하다. 친구 어깨에 손을 얹고 꽃길 사이를 다정하게 걷고 있는 두 사람의 뒷모습에서 진한 우정이 느껴진다. 멋있는 광고 카피도 없고 유명한 모델도 쓰지 않았다. 지면의 오른쪽에 "봄이 오면 산에 들에 진달래 피네"로 시작해서 "새만 말고 이 소리도 함께 들어주"로 끝나는 김동환 시인의 시 「봄이 오면」을 배치했을 뿐이다.

시가 끝나면 그 아래쪽에 다음과 같은 카피 세 줄이 있다. "어려운 시기를 뒤로하고 새로운 봄이 찾아왔습니다./ KB금융그룹은 대한민국 곳곳에/ 희망의 꽃이 활짝 피어나길 기대합니다." 광고에서 카피라이터가 직접 쓴 카피는 단 세 줄이겠지만, 마치 야구선수의 선구안選球眼처럼 화창한 봄날에 가장 적합한 시를 골라낸 카피라이터의 선시안選詩眼이 탁월했다. 이 광고는 KB국민은행이 펀드상품 신규 가입자에게 경품을 제공하는 '봄이 오면, 펀드 해 봄' 이벤트 시점에 등장했다. 광고에서 그런 사실을 노골적으로 드러내지 않고, 광고의 노출 시점만 맞췄기에 항상 성과에 신경을 써야 하는 광고주의 자제력이 대단했다고 평가할 수 있겠다. 그렇기에 사진 한 장에 시 한 편을 담아 사람들을 위로하는 광고의 진정성을 더 느낄 수 있다.

한 장의 사진은 카피로 차용된 시를 만나 진심이 담겨 있는 메시지로 승화됐다. 그동안 카피를 차용한 시도 있었다. 시를 쓸 때 카피나 광고의 표현 기법을 활용하기 시작한 때는 1980년대 무렵부터였다. 그렇지만 카피를 쓰면서 시를 차용하는 경우는 훨씬 더 많았다. 어쨌든 카피라이터가 시인의 시를 광고에 차용하면 그때부터 시는 시가 아닌 카피의 기능을 하

KB금융그룹의 광고 '봄이 오면' 편(2022)
© KB금융그룹

제4부 _ 살맛 나는 세상 만들기, 사회적 사랑

게 된다. 광고에 쓰인 「봄길」과 「봄이 오면」이란 시는 원작 시와는 다른 결을 지니게 된다. 원작 시와는 다른 '봄길' 혹은 '봄이 오면'이라는 주제의 카피로 변용되는 셈이다.

"진정한 광고 거장들은 언제나 시인이었다. 그들은 사실을 발판으로 도약해 상상과 아이디어의 세계로 비상했다." 저명한 광고인 윌리엄 번벽 William Bernbach은 이렇게 말한 적이 있었지만, 시를 차용한 카피라고 해서 언제나 성공하는 것은 아니다. 상관성 없는 내용을 억지로 차용함으로써 실패의 쓴 맛을 본 사례도 많다. 그렇지만 '봄길'은 문자 그대로 보살피고 〔看〕 돌보는〔護〕 일에 헌신하는 간호사의 진심을 보여주기에 충분했다. 감사하는 마음을 광고에서 진술한 스타일로 표현했기에 많은 분이 공감할 수 있었다.

"광고 카피 한 줄이 예전에 사람들에게 읽히던 시 한 수의 힘을 감당할 것"이라는 박두진 시인의 예언은 적중했다. 그렇지만 시와 카피가 절실한 필요에 따라 만났을 때 비로소 차용 효과가 빛나게 된다. 차용된 시는 사진과도 간절한 마음으로 만나야 한다. 시 '봄길'은 활짝 웃고 있는 간호사의 사진과 간절한 마음으로 만났기에, 시대를 위로하는 광고의 반열에 올랐다. 판매 메시지에 집착하지 않고 진심을 담았기에 공감의 광고가 탄생했다.

힘들었던 시기에 코로나19라는 위기 상황에 맞서 싸운 영웅들은 윤 간호사 외에도 많았다. 그 시절을 다시 되돌아볼 기회가 온다면, "스스로 사랑이 되어 한없이 봄길을 걸어가는 사람이 있다"는 시 한 줄은 코로나19를 극복하기 위해 헌신했던 숨은 영웅들에게 헌정해야 한다. 그들이 사람들에게 베푼 것은 사랑이었다. 광고가 나온 다음에도 코로나19는 오랫동안 우리 곁을 떠나지 않았다. 그때마다 일상의 영웅들은 더 많은 사랑을 베풀었다. "꽃만 말고 이 마음도 함께 따가주" 같은 바람을 담아, 조건 없이 무한정 베푼 헌신적인 사랑이었다. 또 다시 위기 상황이 닥쳐온다면 사진 한 장과 시 한편에 사랑의 메시지를 담아 사람들을 다시 한번 위로해 줘야 한다.

같이 걸으며
같이 길을 찾자

　매년 4월 20일은 장애인의 날이다. 1970년 국제재활협회에서 각국에 '재활의 날'을 지정하라고 권고한 이래, 정부는 민간에서 개최하던 재활의 날을 1972년부터 기념일로 정했다. 1981년부터는 '장애인의 날'로 이름을 바꿔 장애인에 대한 인식 제고와 복지 증진을 모색해 왔다. 장애인의 날이 법정기념일이 된 이후 장애인 혹은 장애를 주제로 한 광고가 만들어졌지만 장애인을 배려와 사랑을 받아야 하는 특별한 존재로 묘사한 광고들도 있었다. 장애인을 불완전한 존재로 설정하고 주변에서 도와줘야 한다는 시혜적 관점이었는데, 따라서 한국 광고사를 장애인 차별의 역사로 인식하는 경우도 있다.*

---

* 　하민지, "한국 광고사 40년은 장애인 차별의 역사였다", ≪AP신문≫, 2020년 4월 21일 자.
　http://apnews.kr/View.aspx?No=813936

현대자동차 '당신 때문에Because of You' 캠페인의 '두 번째 걸음마' 편 (2020)에서는 장애인 양궁 국가대표 박준범 선수의 이야기를 감동적으로 묘사했다. 외국 가정에서 걸음마를 시작하는 아이를 보며 부모가 즐거워 하는 영상이 짧게 지나가면 본 광고가 시작된다. "준범아 과일 먹자." 앨 범을 뒤적이던 준범이 엄마에게 묻는다. "엄마, 이때가 나 두 살 땐가? 언 제 처음 걸었어?" "두 살 때가 아닌 거 같고 15개월 됐을 땐데." 흑백 화면 에 "첫 걸음마"라는 자막이 뜬다. 이어서 "또박또박 잘 걸었었어요. 걸음 마 할 때." 준범이 다시 엄마에게 묻는다. "잘 걸어 다녔어?" "잘 걸어 다 녔지." 엄마의 독백이 이어진다. "요만한 게 걸어 다니니까 신기하죠. 걸 을 땐 진짜 예뻤어요. 고등학교 2학년 때 다쳤어요. 원래 병원에 있다가 집에 오면 밖으로 안 나갈라 카잖아요. 애들이 마음을 안 여니까. 물고기 를 키우기 시작했어요."

준범이 어항 속 금붕어에게 "배고파? 밥 먹었어?"하고 말하자 물고기 랑 대화하느냐며 부모님이 묻는다. "이게 다 눈높이가 맞아서 그런 거야." 이후 휠체어를 차에 싣고 옮기는 장면과 휠체어에 앉아 활시위를 당기는 장면이 이어지고, 엄마의 독백이 흘러나온다. "양궁을 하게 됐어요. 양궁 하면서 몸도 건강해지고. 선수 생활 하면서 대회에 나가면 항상 빈손으로 안 들어오고 메달을 들고 오죠. (메달을 들어 보이며) 엄청 많죠?" "준범이 때문에 양궁을 많이 배우고 TV에 양궁 프로가 나오면 많이 보죠." 아버지 의 독백에 이어 일상의 불편한 장면들이 등장한다. "몸이 불편하니까 신 경 쓰여 그렇지 애를 먹이는 것도 아니고. 지금은 너무 잘하고 있으니까." 엄마는 울먹이며 준범의 사진첩을 수시로 들여다본다.

"우리는 그들이 가장 그리워하는 순간을 되돌려주기로 했습니다." 이런 두 번째 자막이 뜬다. 로봇 연구에 전념하는 현대자동차 로보틱스 랩 Robotics LAB의 연구원들은 각종 장치를 점검하고 준범의 몸에 부착해 훈련을 시킨다. 준범이 부축을 받으며 천천히 일어선다. "10년 만에 일어나는 거 같아." 감격적인 장면을 보려고 기다리던 엄마 아빠 앞에서 준범이 간신히 일어서며 활짝 웃는다. "두 번째 걸음마"라는 세 번째 자막이 뜨고 엄마와 포옹을 한다. 엄마는 이렇게 말한다. "서서 이렇게 보는 일은 별로 없잖아요. 아들과 엄마의 만남, 그게 진짜 너무 좋았죠." 곧이어 "우리의 새로운 시간. 지금 현대자동차가 준비하고 있습니다. Because of You"라는 자막과 함께 끝부분에 "웨어러블 로보틱스 기술이 적용된 현대 H-MEX"라는 자막이 조그맣게 제시되며 광고가 끝난다.

광고에서는 사람을 향하는 기술이 고객의 시간을 더욱 가치 있게 만든다는 메시지를 전달했다. 이 과정에서 현대자동차가 추구하는 모빌리티 Mobility의 개발 철학이 저절로 느껴진다. 박 선수는 현대자동차 웨어러블 로봇공학Wearable Robotics 기술이 적용된 의료용 로봇 'H-MEXHyundai Medical Exoskeleton'의 도움을 받아 휠체어에서 일어나 활시위를 당겼는데, 사람을 향하는 기술은 박 선수의 도전을 이루게 하는 원동력으로 작용했다. 박 선수가 발을 떼며 걸어가 어머니의 품에 안기는 장면은 '이동'을 통해 기쁨을 느끼는 가슴 벅찬 순간이었다.

모든 부모는 아이가 첫 걸음마를 떼는 순간 벅찬 감동을 느꼈으리라. 하물며 장애가 있는 자녀의 부모들은 자녀가 시도하는 두 번째 걸음마를 지켜보는 순간에 얼마나 크나큰 기쁨을 느끼겠는가. 광고 창작자들은 인

현대자동차의 캠페인 '두 번째 걸음마' 편(2020)
© 현대자동차

생에서 가장 소중한 순간을 행복하게만 추억할 수 없는 사람들에 주목해, 불의의 사고로 걸을 수 없게 된 사람들과 그 가족들을 위해 모빌리티의 가치를 훌륭하게 표현했다. 사고를 당한 아픈 기억에 갇혀 희망을 잃어버린 사람들이 다시 일어서도록 도와주는 것이 인간을 위한 기술의 지향점이다.

그동안 장애인을 모델로 쓴 광고들이 많았다. 여러 광고에서는 장애인의 역할 설정을 잘못해서 사회적인 지탄을 받기도 했다. 신중하지 못한 표현 때문이었다. 장애인을 무조건 도와줘야 하는 대상으로 묘사한 광고는 오히려 장애인을 불완전한 존재로 부각시켰고, 장애인을 특별한 존재로 서술한 광고에서는 은근히 안쓰러운 감정을 유발하여 장애인을 바라보는 비장애인의 차별적 시선을 드러냈다. 의도한 바는 아니고 실수였겠지만 그동안 어떤 광고에서는 장애인에 대한 차별 의식을 오히려 부추기기도 했다.

현대자동차 광고에서는 장애인을 무조건 도와줘야 할 대상으로 묘사하지 않았다. 박 선수와 박 선수 부모를 동시에 출연시켜 가족 간의 사랑을 먼저 표현하고 나서, 그다음에 박 선수를 도와주는 로봇 연구진의 노력을 사실적으로 묘사했다. 장애인을 도와줘야 한다는 시혜적 시선이 아니라, '그리워하는 순간'을 되돌려주려는 연구진의 마음을 절묘하게 연결했다. 이런 접근 방법을 인정받은 이 광고는 한국광고주협회에서 주관하는 제29회 국민이 선택한 좋은 광고상 TV 부문에서 상도 받았다. 그동안 장애인에 대한 편견을 없애는 데 기여한 좋은 광고도 있었지만, 앞으로도 광고를 만들 때 더욱 세심한 접근방법을 찾도록 창의성을 발휘해야 한다.

"같은 길을 걷다. 같이 길을 찾다." 제41회 '장애인의 날'의 슬로건이었다. 이 슬로건은 장애인을 시혜의 대상으로 묘사하지도 특별한 존재로 서술하지도 않았다. 같은 길을 함께 걸어가며 함께 길을 찾아보자는 중립적 메시지다. 더욱이 장애인에게만 해당되지 않고 모든 사람이 새겨들어야 할 말로 들린다. 사랑하는 사람끼리 같이 길을 찾고 같은 길을 걸어가라는 뜻이니, 장애인이든 비장애인이든 모두에게 해당되는 이런 중립적인 말이 사랑의 메시지를 전하는 광고 카피가 아닐까 싶다.

노인 학대는
패륜적 범죄다

    노인 학대 문제가 해를 거듭할수록 심각해지고 있다. '노인복지법' 제1조의 2항에서는 노인에 대해 신체적·정신적·정서적·성적 폭력 및 경제적 착취 또는 가혹 행위를 하거나 유기 또는 방임하는 것을 노인 학대라고 정의하고 있다. 국가통계포털의 자료를 보면 우리나라에서도 노인 학대 문제가 정말로 심각하다. 2020년에 노인 학대를 신고한 건수는 1만 6973건으로 2019년의 1만 6072건에 비해 5.6% 늘었고, 학대 사례의 건수는 총 6259건으로 2019년의 5243건보다 19.5% 증가했다. 발생 장소는 가정 내 학대 88%와 노인요양시설 8.3% 순이었고, 학대 행위자는 아들 34.2%, 배우자 31.7%, 기관 13%, 딸 8.8% 순으로 가족으로부터 학대가 가장 많이 발생하고 있다는 점에서 더 심각하다. 급기야 노인 학대 사례를 신고하라는 광고까지 나올 만한 지경에 이르렀다.

    미국 뉴욕시의 노인부Department for the Aging에서는 2016년 4월에 노인 학대를 종식시키자는 광고 캠페인을 전개했다. 가족이 노인에게 자행한 강도, 구타, 위협, 방치 문제를 부각시킨 버스 광고와 지하철 광고였다. "노인 학대는 가정에서 일어납니다Elder abuse hits close to home." 이 슬로건을 시리즈 광고 다섯 편에 공통으로 적용했다. 학대당한 노인의 상심한 모습을 광고에 제시하고 학대 내용 그대로를 헤드라인으로 썼다. 학대받는 순간에 곧바로 311로 신고하라는 메시지도 빠트리지 않았다.

첫 번째 '강탈' 편에서는 할머니 한 분이 어이없다는 듯 허망한 표정을 짓고 있다. "딸에게 강탈당함Robbed by her daughter." 카피를 읽다 보면 복면 쓴 강도도 아닌 친딸에게 강탈당한 할머니의 심정을 헤아리게 된다. '강탈당함'이라는 헤드라인을 크게 부각시켜 할머니가 학대받은 내용이 생생하게 전달되도록 섬세하게 표현했다.

두 번째 '위협' 편에서는 야윈 할아버지가 울음을 터트리려는 순간을 조명했다. "아들에게 위협받음Threatened by his son." 아들에게 위협을 받을 때 느끼는 아버지의 심정이 직설적인 카피에서 절절하게 묻어난다. '위협받음' 부분을 주목할 수밖에 없는데, 애지중지 키운 아들에게 학대를 받았다니 인생의 회환이 얼마나 컸을까 싶다.

세 번째 '방치' 편에서는 주름이 움푹 팬 할아버지의 초점 잃은 눈망울이 슬퍼 보인다. "가족에게 방치됨Neglected by his family." 헤드라인을 보면 가족으로부터 버림받은 할아버지의 참담한 심정이 카피와 함께 눈물처럼 뚝뚝 떨어지고 있다. 어르신을 교활하고 지능적으로 학대하는 방치의 문제를 되돌아보게 하는 메시지였다.

네 번째 '구타' 편에 등장하는 할머니의 얼굴을 보면 피멍 자국이 한쪽

눈두덩을 다 덮을 정도로 가득하다. 삶의 의욕을 놓아버리고 실의에 빠진 듯 헛헛한 표정을 짓고 있다. "손자에게 구타당함Beaten by her grandson." 아장아장 걸을 때부터 귀여워했을 손자에게 구타당한 심각한 상황이다. 학대의 대물림이 아닐까 싶을 정도다.

다섯 번째 '강탈 2' 편에서는 간명한 카피와 비주얼로 조카에게 강탈당한 상황을 느끼도록 했다. 할머니의 눈빛을 보면 허망함과 황당함을 넘어 분노의 마음까지 느껴진다. "조카에게 강탈당함Robbed by her nephew." 녀석이 어릴 때부터 사랑으로 대했을 텐데 그 조카에게 강도를 당했으니, 할머니는 절망의 깊은 늪에 빠졌을 것이다.

광고에 나타난 노인 학대의 실상은 정말 끔찍하다. 가혹 행위를 넘어 교묘하게 유기하거나 방임하는 경우도 많았다. 광고가 나가자 뉴욕시 노인부에 걸려오는 311 전화 신고 건수가 23%나 증가했다고 한다. 신고를 접수한 뉴욕시 공무원들은 학대당한 노인을 구하기 위해 즉각 현장으로 달려갔다. 광고 메시지와 공무원의 실행력이 맞아떨어져 기대 이상의 성과를 거뒀다.* 광고 슬로건은 가정에서 발생하는 노인 학대 문제에 초점을 맞췄다.

마찬가지로 우리나라에서도 노인 학대가 주로 발생하는 장소는 가정이다. 노인 학대 행위자의 비율도 아들 37.2%, 배우자 27.5%, 의료기관이나

---

* *Spectrum News NY1*. "City Launches Ad Campaign to Raise Awareness of Elder Abuse," *Spectrum News NY1*, April 22, 2016. https://spectrumlocalnews.com/nys/buffalo/news/2016/04/22/city-launches-ad-campaign-to-raise-awareness-of-elder-abuse

뉴욕시 노인부의 광고 '강탈' 편(2016)
© New York City

뉴욕시 노인부의 광고 '위협' 편(2016)
© New York City

뉴욕시 노인부의 광고 '방치' 편(2016)
© New York City

뉴욕시 노인부의 광고 '구타' 편(2016)
© New York City

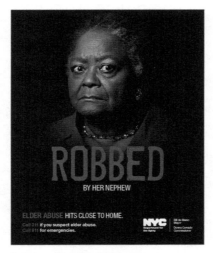

뉴욕시 노인부의 광고 '강탈 2' 편(2016)
© New York City

지금은 우리가 사랑해야 할 시간

복지시설 같은 기관의 관계자 13.9% 순으로 보고되었다. 노인 학대의 유형도 크게 여섯 가지로 구분했다. 신체적 학대(신체적 손상, 고통, 장애를 유발하는 행위), 정서적 학대(비난, 모욕, 위협, 협박 같은 정서적 고통 행위), 성적 학대(성적 수치심 유발이나 성폭력 같은 강제적 행위), 경제적 학대(노인의 의사를 거스르며 재산이나 권리를 빼앗는 행위), 방임(노인의 의식주와 의료 서비스를 적절하게 제공하지 않는 행위), 유기(보호자나 부양 의무자가 노인을 버리는 행위) 등이다.

여섯 가지의 노인 학대는 주로 가정에서 일어난다고 한다. 따라서 노인 학대는 사랑하는 가족으로부터 어르신이 상처받는 가정 폭력의 일종이다. 국제연합UN과 세계보건기구WHO 및 세계노인학대방지망INPEA은 지난 2006년에 6월 15일을 세계노인학대인식의 날World Elder Abuse Awareness Day로 정했다. 노인에 대한 부당한 처우를 개선하고 노인 학대의 심각성을 널리 알리기 위한 목적에서였다.* 우리나라에서도 2017년에 '노인복지법'을 개정해 6월 15일을 '노인 학대 예방의 날'로 정했다.

해마다 '노인 학대 예방의 날'이 오면 어르신에 대한 학대 문제를 부각시키고 행사도 진행한다. 나름대로 의미 있는 기획이 많지만 많은 것이 기념행사에 초점이 맞춰져 있다. 하지만 노인 학대를 예방하는 문제는 일회성 행사만으로는 성과를 기대하기 어렵다. 전문가들은 노인 학대를 보고되지 않은 전염병으로 규정하기도 한다. 일회성 소독 행사만으로 전염병을 퇴치할 수 없듯이, 노인 학대의 퇴치도 하루짜리 기념행사만으로는

---

* United Nations, "World Elder Abuse Awareness Day, 15 June"(2022), https://www.un.org/en/observances/elder-abuse-awareness-day?msclkid=e5debc83b4dc11ec8fbcd50a5450fafc

가당찮은 일이다. 열두 달 내내 실시하는 연중 캠페인이 필요한 이유도 그 때문이다.

　주변을 둘러보면 사각지대에서 학대받는 어르신들이 계실 것이다. 젊은 사람들과 마찬가지로 어르신도 인간의 존엄성을 누릴 권리가 있다. "사람이 뭔가를 추구하고 있는 한 절대로 노인이 아니다." 프랑스의 철학자이자 생물학자인 진 로스탠드의 말이다. 몸은 변했지만 마음만은 변하지 않은 채 노년에 접어든 분들도 많다. 항상 뭔가를 추구하며 살아가는 우리는 죽을 때까지 노인이 아니라고 생각하며 살다가 운명殞命하는 존재일지도 모른다. 그러니 노인 학대는 인간의 존엄성을 참혹하게 짓밟는 패륜적 범죄다. 어르신을 사랑하자. 어르신의 존엄성을 존중하자.

반려견 헌혈에
필요한 윤리

우리 사회가 언제부터 반려 동물의 천국이 되었을까? 반려견 1000만 시대에 접어들자 다친 반려견을 수술하는 데 필요한 수혈의 수요도 자연스럽게 늘어날 수밖에 없다. 하지만 개의 피가 늘 부족한 형편이라 한다. 수혈용으로 사육되는 공혈견供血犬이 부족한 탓에 동물병원에 제공할 피가 부족하다는 것이다. 공혈견의 혈액 90% 정도가 한국동물혈액은행을 거쳐 피가 필요한 반려견에게 제공된다. 영국이나 폴란드 같은 반려동물 선진 국에서는 동물헌혈센터가 항상 운영되고 있지만 우리나라에서는 그렇지 못한 실정이다. 대형견 보호자들이 자발적으로 헌혈에 참여하자는 운동을 제창하기도 했지만 사람들의 반응은 미적지근했다.

이런 상황에서 현대자동차는 15인승 솔라티를 개조한 헌혈카를 만들어 반려견도 헌혈에 참여하자는 캠페인을 전개했다. 현대자동차의 '아임 도그너: 반려견 헌혈카' 캠페인(2019)은 '부건자견' 편, '도그너의 자격' 편, '아무나 못하는 헌혈' 편, 그리고 '대형견의 편견' 편이라는 네 편의 광고로 구성됐다. 도그너DOgNOR는 반려견DOG과 헌혈 제공자DONOR를 합친 조어이다. 개를 의인화시켜 개의 심경을 밝히도록 구성한 광고 메시지는 탄탄한 구조를 갖추고 있다. 모든 광고의 마지막 부분에 이르면 "반려견 헌혈을 위해 반려견 헌혈카가 달려갑니다"라는 내레이션이 흐르며 광고를 마무리한다.

먼저 '부견자견' 편을 보자. 아빠 개와 자식 개라는 제목인데 이상하게도 부전자전父傳子傳으로 읽힌다. 광고가 시작되면 오기택의 「아빠의 청춘」(1964)이라는 흘러간 옛 노래가 배경음악으로 깔린다. "이 세상의 부모 마음 다 같은 마음 아들딸이 잘되라고 행복하라고……" 곧바로 개를 의인화시켜 아빠 개인 로빈(래브라도 리트리버, 4살)이 아들 개에게 당부하는 말투로 다음과 같은 카피가 흘러나온다. "아들아, 아빠도 처음엔 두려웠지만 헌혈 한 번이 반려견 4마리를 구한다니 주사바늘 한 번쯤 참을 만하더구나. 아들도 운동 열심히 해서 아빠처럼 도그너가 되길 바란다. 나의 헌혈 한 번이 반려견 4마리를 살린다. 아임 도그너I'm DOgNOR." 웃지 않고서는 도저히 못 배길 상황을 만들어 냈다.

곧이어 '도그너의 자격' 편에서는 근육량 100g이 부족해 도그너가 되지 못한 춘배(잉글리쉬 불독, 3살)가 근육량을 늘리려고 절치부심切齒腐心했던 이야기를 들려준다. 광고가 시작되면 식탁에 턱을 괴고 창밖을 바라보는 춘배의 눈빛이 슬퍼 보인다. 운동을 하겠다고 결심을 굳힌 춘배는 부족한 근육을 만들기 위해 헤어밴드를 두르고 열심히 운동을 한다. 자신의 헌혈이 강아지 네 마리를 살린다는 가치를 깨달았기 때문이다. 춘배는 패배한

현대자동차의 광고 '반려견 헌혈카: 부견자견' 편(2019)
© 현대자동차

현대자동차의 광고 '반려견 헌혈카: 도그너의 자격' 편(2019)
© 현대자동차

견생犬生의 쓴맛에 대해 혼잣말로 이렇게 실토한다. "헌혈의 문턱에서 고작 100g의 근육이 모자라 발길을 돌려야 했던 그날을 나는, 단 하루도 잊은 적이 없다. 나는 마침내 25kg을 넘어선다. 나의 헌혈 한 번이 반려견 4마리를 살린다. 아임 도그너."

인권 선언문이 아니라 견권犬權 선언문 같은 '아무나 못하는 헌혈' 편에서는 "개나 소나" 같은 말을 함부로 쓰지 말라고 한다. 일상에서 이 말을 자주 쓰는 사람들에게 반성을 촉구하는 개의 충고이다. 밍키(사모예드, 6살)는 얼마나 자주 무시를 당했는지 그동안 무시당한 심경을 차분하게 읊조린다. 인상적인 카피로 소비자들이 배시시 웃게 만든다. "'개나 소나'라는 말 함부로 쓰지 마라. 사람도 두려워하는 헌혈, 내가 한다. 나의 헌혈 한 번이 반려견 4마리를 살린다. 아임 도그너." 사람이 아닌 개를 광고의 주인공으로 등장시킨 구성 자체가 흥미롭다. 개가 사람처럼 독백을 하고 있으니 더 귀엽게 느껴지고 더 관심을 가질 수밖에 없다.

시리즈 광고를 마무리하는 '대형견의 편견' 편에서는 보기만 해도 덜컥 겁이 나는 대형견이 등장한다. 곤(시베리안 허스키, 6살)은 개의 외모만 보고 함부로 선입견을 갖지 말라고 사람들에게 권고한다. 마치 사람의 면전에서 말하는 것 같다. "무섭지? 물 것 같지? 거, 생긴 것 가지고 판단하지 마쇼. 이래 봬도 내가 강아지 4마리를 살린 남자야. 나의 헌혈 한 번이 반려견 4마리를 살린다. 아임 도그너." 이 광고는 사납게 위협하는 존재로만 알려진 대형견에 대한 선입견을 바꾸도록 권고한다. 그런 개들도 헌혈이라는 좋은 일을 하고 있다며 은근한 자부심을 내세웠다. 대형견에 대한 편견을 바꿀 수 있는 참신한 접근법이라 호감이 갈 수밖에 없는 광고다.

현대자동차의 광고 '반려견 헌혈카: 아무나 못하는 헌혈' 편(2019)
ⓒ 현대자동차

현대자동차의 광고 '반려견 헌혈카: 대형견의 편견' 편(2019)
ⓒ 현대자동차

현대자동차의 광고 캠페인은 반려견 1000만 시대에도 반려견 헌혈에 대한 인식이 부족한 현실에서 이 문제를 개선하기 위해 기획됐다. 현대자동차의 쏠라티를 개조해 만든 헌혈차는 채혈실과 분석실 및 최신 장비를 갖추고 전국의 13개 지역을 순회하며 반려견 헌혈 캠페인을 벌였다. 이 캠페인에는 건국대학교 동물병원과 한국헌혈견협회도 함께 참여했는데, 수의사들은 사전에 반려견의 건강 검진을 한 다음에 헌혈을 진행했다. 반려견이 헌혈을 하려면 몸무게가 25kg 이상이어야 하고 2~8세의 대형견이라는 신체적 조건을 갖춰야 한다고 한다. 헌혈카에서는 한 번에 한 마리만 검진과 채혈이 가능하고 2시간 정도 걸리기에 하루 네 마리까지만 할 수 있다. 헌혈을 마친 개는 조끼, 스카프, 헌혈증, 간식 선물을 지급받고 한국헌혈견협회 명예의 전당에 이름을 올린다.

2019년의 1차에 이어 2020년의 2차까지 두 차례의 반려견 헌혈 캠페인을 진행한 결과, 수혈용 혈액 200마리분을 확보하는 의미 있는 성과를 거뒀다. 2차 캠페인 때는 전국 아홉 곳을 순회했다. 83마리의 헌혈 가능 반려견이 선정됐고, 이 가운데 12마리가 헌혈을 했다. 2차 캠페인 때는 헌혈뿐 아니라 헌혈견협회와 협력하기로 한 반려동물 의료 기관을 기존의 한 곳에서 여덟 곳까지 늘리는 성과도 얻었다. 대형견 한 마리의 헌혈로 중소형견 네 마리가 수혈할 수 있기에, 1~2차 캠페인에 참여한 53마리의 헌혈로 중소형견 200마리 정도의 수혈용 혈액을 확보했다.[*]

박성민, "현대차 반려견 헌혈 캠페인서 200마리 수혈용 혈액 확보", 연합뉴스, 2022년 2월 21일 자.

이 캠페인은 반려견을 사랑하는 가족으로 인식하는 사람들의 주목을 받았고 공감을 유발하는 데 성공했다. 헌혈 조건에 맞지 않아 반려견이 헌혈에 참여하지 못하면 견주들은 디지털 공간에서 응원의 메시지로 응답했다. 이 밖에도 캠페인의 홈페이지에서 응원 댓글과 영상을 공유함으로써 서로서로 동참하자고 권고하는 사람들도 많았다. 이 캠페인은 앞으로도 반려견의 헌혈 참여를 유도하고 헌혈 횟수를 늘리는 데 기여할 것이다.

궁극적으로 이 캠페인은 사회적 측면에서 반려견의 혈액 공급에서도 윤리적인 문제가 매우 중요하다는 사실을 환기했다. 아무리 '개나 소나'라는 말을 쉽게 내뱉는 세상이라 할지라도, 앞으로는 개의 피를 단순히 사고파는 거래 행위로 인식해서는 안 된다. 사람의 헌혈처럼 개의 헌혈 문제도 동물을 사랑하는 마음에서 기부하는 문화가 하루 빨리 정착돼야 한다. 개의 헌혈 문화가 기부의 형태로 정착된다면 반려동물과 동행하는 펫pet 문화의 수준도 한 단계 더 높이 올라갈 것이다. 광고가 상품을 파는 수단이기는 하지만, 이처럼 광고는 공감할 만한 의제를 사회 구성원들에게 환기하기도 한다.

온 누리에
사랑을 나눠보자

해마다 성탄절 무렵에는 크리스마스를 축하하는 광고가 어김없이 등장한다. 보통 사람들도 마음이 설레는 연말연시지만, 기업에서는 판매촉진 활동을 전개하기에 더할 나위 없이 좋은 기회이기에 크리스마스 무렵에 광고를 많이 한다. 그런데 상투적인 메시지로 일관하면 광고 효과를 기대하기 어렵다. 기업 철학이나 브랜드와의 상관성brand relevance을 고려하지 않고 내보내는 진부한 표현이 가장 심각한 문제다. 어떻게 해서든지 브랜드와의 상관성을 나타내려고 고심한 광고들을 살펴보자.

코카콜라의 글로벌 광고 '북극광Northern Lights' 편(1993)에서는 콜라 마시는 북극곰을 통해 브랜드와의 상관성을 구체적으로 고려했다. 북극곰은 "언제나 코카콜라" 캠페인이 시작된 1993부터 등장했다. 오로라 보레알리스aurora borealis 아래에서 북극곰 가족이 콜라를 마시고 있는 장면이 평화롭다. 오로라 보레알리스란 지구 북반구의 대기층에 나타나는 자연

지금은 우리가 사랑해야 할 시간

코카콜라의 광고 '북극광' 편(1993)
© 코카콜라

광으로 북극광北極光이라고 하며 북쪽의 새벽을 의미한다. 반면에 남반구
에 나타나고 남쪽의 새벽을 뜻하는 남극광南極光은 오로라 오스트랄리스
australis라고 한다. 북극곰 부부가 둘 사이에 콜라병을 놓고 북극광을 바라
보는 장면, 새끼 곰이 콜라를 마시는 장면, 북극곰 가족이 크리스마스트리
를 언덕으로 밀어 올리는 장면에서 크리스마스 기분을 물씬 맛볼 수 있다.
당시에 첨단 컴퓨터 애니메이션 기법으로 제작한 이 광고는 소비자와 언
론으로부터 엄청난 찬사를 받았다.

앱설루트 보드카Absolut Vodka의 글로벌 광고 '크리스마스트리' 편(1990)

은 지면 전체를 가득 채운 보드카 병 모양의 크리스마스트리로, '크리스마스 파티' 편(2006)은 보드카 병에 장식을 꾸며 브랜드와 관련된 메시지로 크리스마스의 분위기를 띄웠다. 이 광고들은 어떤 도시의 대표적인 특성을 앱설루트 브랜드의 상징으로 활용했던 캠페인의 일환으로 만들었다. 도시 시리즈는 앱설루트 브랜드를 도시의 특성과 연결시켜 그 도시 사람들에게 특별한 무엇이 있다는 식으로 의미를 정박시켰다.•

앱설루트 광고의 모든 카피에서 공통으로 나타나는 현상이지만 '절대적인ABSOLUTE'이란 형용사에서 일부러 'E' 자를 삭제해 브랜드 이름과 같게 만들었다. 그래도 사람들은 '절대적이고 완벽한' 그 무엇으로 읽게 된다. 복잡한 카피나 비주얼을 쓰지 않고서도 쉽고 일관되게 메시지를 전달했다. 이 광고의 카피에서도 'E' 자가 없지만 소비자들은 "완벽한 크리스마스Absolut Christmas"로 읽으며 크리스마스 만찬에서 앱설루트 보드카를 마셔야겠다고 생각할 수 있다.

앤하이저부시 인베브AB Inbev의 광고 '거품' 편(2008)에서는 맥주 거품으로 산타클로스의 모자를 연출함으로써, 브랜드와의 상관성을 놓치지 않았다. 글로벌 맥주 브랜드인 앤하이저부시 인베브는 현재 우리나라 오비맥주의 모회사이기도 하다. 인도의 소비자를 대상으로 집행된 이 광고에서 솜씨가 뛰어난 디자이너는 맥주 거품을 매력적으로 표현했다. 카피가 "메리 크리스마스"라는 한 줄에 불과해도 맥주 거품이 산타클로스 할아버지의 모자 같으니 맥주잔 손잡이에 저절로 손이 갈 수밖에 없다. 간명한

• 김병희, 「앱설루트 캠페인에서 배우자」, 『광고 오디세이』(서울: 연암사, 2006), 102~107쪽.

앱설루트 보드카의 광고 '크리스마스 트리' 편(1990)

앱설루트 보드카의 광고 '크리스마스 파티' 편(2006)

콘셉트를 솜씨 있게 마무리한 결과, 브랜드와 관련되는 메시지를 살리면서도 크리스마스의 분위기를 한껏 살려 놓았다.

우크라이나 적십자사의 광고 '크리스마스 스타킹' 편(2013)에서는 크리스마스 선물을 넣는 양말 주머니에 보통의 크리스마스 선물이 아닌 헌혈 봉지를 배치함으로써 적십자사의 가치와 연결시켰다. 상식을 뛰어넘는 아이디어 발상이 놀랍다. "누군가에게는 당신의 피가 최고의 크리스마스 선물입니다. 고맙습니다! 메리 크리스마스. 행복한 새해For someone your blood is the best holiday gift ever. Thank you! Merry Christmas & Happy New Year." 이 카피는 헌혈 봉지 그림을 만나 감동적인 메시지로 승화된다. 광고를 보는 순간에 사람들은 이번 크리스마스에는 남다른 크리스마스 선물을 해야겠다고 생각할 수도 있다.

진로 참나무통맑은소주의 '성숙인간 1년 대계' 캠페인 중에서 '크리스마스' 편(1997)은 숙성 소주라는 브랜드의 특성을 성숙한 인간으로 풀어냈다. 성숙인간 캠페인은 1997년 1월부터 12월까지 인쇄 광고로 집행됐다. 1월에는 소주병 하나를 보여주고 "때로는 혼자만의 길을 가야 한다"라는 카피를, 2월에는 소주병 두 개의 입구를 맞댄 장면에 "혼자서 안 될 땐 머리를 맞대본다"라는 카피를 썼다. 달마다 계속 인생 이야기가 이어지다가 12월이 되자 소주병으로 크리스마스트리를 만들어 "어려운 때일수록 소중한 것이 사랑입니다"라는 카피를 썼다. 인생의 희로애락이 녹아 있는 소주 광고에서 상품의 특성을 일차원적으로 설명하지 않고 소주병과 카피를 대응시켜 인생 스토리로 풀어냈다. 이 광고에서도 브랜드와의 상관성을 놓치지 않으면서 크리스마스에 사랑을 나누자는 메시지를 전달

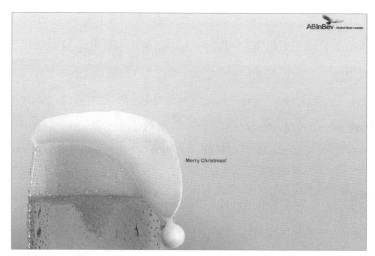

앤하이저부시 인베브의 광고 '거품' 편(2008)
© AB Inbev

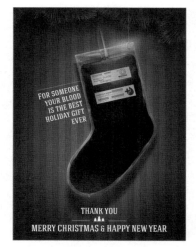

우크라이나 적십자사의 광고 '크리스마스 스타킹' 편(2013)
© Red Cross

참나무통맑은소주의 광고 '크리스마스' 편(1997)
© 하이트진로

했다.

 광고 표현에 있어서 상관성이란 광고 내용에 제품이나 브랜드의 특성이 반영돼 있는지를 나타내는 것으로, 광고의 내용이 제품이나 브랜드와 얼마나 관련되는지를 뜻한다. 제품이나 브랜드와 얼마나 관련되는지를 의미한다는 점에서, 상관성은 일반적인 창의성과 광고 창의성을 구분하는 판단 근거가 된다. 가수 영탁의 「니가 왜 거기서 나와」라는 노래가 있는데, 상관성이란 거기서 나와야 하는 그럴듯한 근거나 이유를 제시하는 것이라고 이해하면 된다. 해마다 크리스마스 광고를 할 때는 그냥 해오던 대로 하던 관행을 제발 버렸으면 싶다. 브랜드와의 상관성을 고려한 광고들이 흰 눈 사이로 썰매를 타고 달려오기를. 그런 차별적인 광고들이 소비자에게 즐거움을 주고 기업에도 기쁨을 준다. 해마다 크리스마스가 오면 온 누리에 더 많은 사랑을 나눠야 한다.

지구촌 곳곳에
화해와 사랑

지구촌 곳곳은 하루라도 조용할 날이 없다. 전운이 감도는 지역이 많고 국가 간에 갈등이 깊어지는 곳도 많다. 광고가 국제 외교에 별 도움이 되지는 않겠지만, 광고에서 전하는 평화와 화해의 메시지를 통해 잠시나마 생각해 볼 단서는 제공할 수 있다. 세계의 지도자들도 개인적으로는 평화를 갈망할 것이다. 그러나 현실은 사뭇 다르다. 정글의 법칙이 존재하는 국제정치 무대에서 자기 나라의 이익만 생각한다면 자국과 타국의 관계를 평화롭게 정립하기는 어려워진다.

1965년에 창립한 이후 세계적인 패션 브랜드로 자리매김한 이탈리아의 베네통Benetton에서는 광고를 통해 평화와 화해의 메시지를 전달했다. 2011년 11월 16일, 베네통은 프랑스 파리의 대표 매장에서 '화해Unhate' 캠페인을 전개하는 론칭 행사를 갖고 '언헤이트 재단Unhate Foundation'을 출범시켰다. 베네통의 화해 캠페인(2011)에서는 정치적으로 대립해 온 지도자

들이 키스하는 장면을 사진 합성으로 표현해 증오를 거두자는 메시지를
전달했다.

이탈리아의 광고회사 파브리카Fabrica에서 만든 이 캠페인은 처음에 프
랑스에서 시작됐지만 곧 전 세계의 주요 신문과 잡지 그리고 웹사이트에
게재됐다. 사랑의 상징인 키스가 시각적 표현의 핵심 소재인데 국제정치
를 움직이는 지도자들이 등장한다. 주로 불편한 관계에 놓여 있는 각국의
지도자들이 키스한다는 사실만으로도 주목을 끌기에 충분했다. 베네통은
캠페인을 통해 반목과 대립을 일삼는 세계의 지도자들에게 화해를 권고
하며 증오 문화를 없애자고 주장했다. 지면의 오른쪽 하단에는 "베네통의
유나이티드 컬러. 언헤이트 재단을 지원합니다"라는 카피를 똑같이 배치
했다.

'중국 대 미국' 편에서는 버락 오바마Barack Obama 미국 대통령과 후진타
오胡錦濤 중국 국가 주석이 등장해 키스하는 장면을 활용했다. 당시 미국과
중국은 무역과 환율 문제로 갈등을 빚고 있었다. 중국이 세계 2위의 경제
대국으로 부상하면서 위안화의 평가절상 문제 등 양국의 이해가 엇갈린
마찰 요인들이 잇따랐다. 그런 상황을 광고에 반영한 내용이다.

'미국 대 베네수엘라' 편에서는 버락 오바마 미국 대통령과 우고 차베스
Hugo Chavez 베네수엘라 대통령이 등장해 진한 입맞춤을 하고 있다. 당시
미국과 베네수엘라는 쿠바에 대한 경제 제재를 해제하는 문제로 충돌했
고 미주기구 회원 자격 부여에 대한 문제로 인해 심각한 갈등을 겪고 있었
다. 광고에는 그런 갈등을 해소하라는 메시지를 담았다.

'팔레스타인 대 이스라엘' 편에서는 마흐무드 아바스Mahmoud Abbas 팔레

스타인 자치 정부의 수반과 베냐민 네타냐후-Benjamin Netanyahu 이스라엘 총리가 목을 끌어당기며 키스를 하고 있다. 2011년에 팔레스타인과 이스라엘 사이에는 팔레스타인의 가자 지구를 중심으로 무력 충돌이 계속되는 상황이었다. 광고에서는 일촉즉발의 위기 상황을 화해의 메시지로 승화시켰다.

'바티칸 대 알 아즈하르' 편은 교황 베네딕토-Benedictus 16세와 카이로의 이슬람교 사원인 알-아즈하르al-Azhar의 최고 종교지도자 아흐메드 모하메드 알타예브가 키스하는 장면이다. 이념과 종교 문제 때문에 폭력과 갈등이 심해진 상황에서, 광고에서는 이 문제를 해결하려면 증오와 폭력의 근본 원인을 해결해야 하며 평화와 화해가 필요하다고 강조했다.

'독일 대 프랑스' 편에서는 앙겔라 메르켈Angela Merkel 독일 총리와 니콜라 사르코지Nicolas Sarkozy 프랑스 대통령이 입맞춤을 하고 있다. 제2차 세계대전의 승전국인 프랑스가 독일에 대한 점령 정책을 가혹하게 전개해 오랫동안 철천지원수 관계였다. 하지만 광고를 하던 시기에는 메르코지(메르켈+사르코지)라는 신조어가 만들어질 정도로 우방 국가로 변모했다.

베네통의 '화해' 캠페인은 세계적인 경제 위기나 국가 간 대립이 심각해지는 상황에서 갈등을 봉합하고 화해를 유도하는 메시지로 호평을 받았다. 서로 갈라지고 다투더라도 결국 대화를 통해 해결해야 한다는 메시지를 담았다. 합성 사진인데도 충격적인 내용이라 주목 효과도 높고 창의성도 뛰어나다는 평가를 받았다. 결국 2012년 칸 라이언즈 국제광고제에서 언론 부문의 그랑프리를 수상한 것을 비롯해 원쇼 국제광고 디자인상에서 황금연필상을, 클리오 국제광고제에서 황금클리오상을 수상했다.*

하지만 교황을 모독하고 각국 정상의 초상권을 침해했다는 비판이 거세게 몰아쳤다. 교황청에서는 '바티칸 대 알 아즈하르' 편이 교황의 존엄성은 물론 가톨릭 신자들의 감정에도 상처를 입혔다고 항의하고 법적 조치를 취하겠다는 성명을 발표했다. 이집트 수니파 이슬람교의 알 아즈하르 사원 측과 미국 백악관에서도 베네통의 합성사진 광고를 비난했다.

백악관은 대통령의 이름과 초상을 상업적 목적으로 사용하는 것을 금지하는 오랜 정책을 갖고 있다고 강조하며, 버락 오바마 대통령의 사진이 광고에 활용된 점을 특히 문제 삼았다. 베네통은 즉각 사과하고 '바티칸 대 알 아즈하르' 광고를 하루 만에 중단했다. 광고가 게시된 이후 교황청의 강력한 반발로 광고가 중지됐지만 분쟁과 갈등에 지친 세계인들에게 화해와 평화 문제를 다시 생각해 보게 했다.

베네통은 분쟁이 아닌 화해 문화를 장려하고자 이 캠페인을 기획했겠지만, 광고에서 사람들의 관심을 끌기 위해 어느 선까지 허용해야 하는지 깊이 숙고하도록 했다. 비판적 관점에서 살펴보면 이 광고는 타인을 존중하는 기본 규칙을 어떻게 깨뜨릴 수 있는지 명백히 보여주는 사례다. 서로 대립각을 세우는 증오와 사랑 사이에서 균형을 추구하라는 캠페인 메시지가 아무리 타당하더라도, 타인을 존중하는 기본 규칙을 깨뜨린다면 윤리적으로도 심각한 문제가 되기 때문이다.

• *Huffpost*, "Benetton 'Unhate' Campaign, Featuring World Leaders Kissing, Wins Cannes Ad Festival Award," *Huffpost*, June 20, 2012. https://www.huffpost.com/entry/benetton-unhate-campaign-cannes-ad-festival-award_n_1613757

그럼에도 국가 간에 증오하지 않음으로써 증오심를 거두는 화해의 메시지를 전달했다는 사실이 이 캠페인의 참 가치다. 숫타 피타카Sutta Pitaka 경전에는 이런 구절이 있다. "이 세상의 증오는 결코 증오에 의해 사그라지지 않는다. 증오하지 않음으로써만 증오를 잠재울 수 있다." 두고두고 곱씹을 만한 명언이다. 국가 간의 관계가 여전히 갈등으로 치닫고 있는 곳이 많다. 각국의 지도자들과 국민들이 베네통 광고를 다시 한번 골똘히 들여다봤으면 싶다. 그리하여 화해와 사랑의 물결이 지구촌 곳곳에 넘쳐 흐르기를 기원한다.

참고문헌

광화문글판 문안선정위원회. 2020. 『광화문에서 읽다 거닐다 느끼다』(개정증보판). 서울: 교보문고.

김동률. 1995.8.12. "삼성생명 효 광고 큰 반향: 석 달 만에 포스터 16만여 장 배포 진기록". ≪경향신문≫.

김병희. 2006. 「앱설루트 캠페인에서 배우자」. 『광고 오디세이』. 서울: 연암사, 102~107쪽.

김병희. 2007. 『광고카피창작론: 기본원리 편』. 파주: 나남출판.

김병희. 2014. 「콘돔 착용」. 『광고로 보는 근대문화사』. 서울: 살림출판사, 99~101쪽.

김병희. 2020. 「부고 연구에서 배우는 4가지 가치: 이완수의 '부고의 사회학' 서평」. ≪한국사회학≫, 54(2), 249~256쪽.

김병희. 2021. 「카피와 시」. 『광고가 예술을 만났을 때 아트버타이징』. 서울: 학지사, 83~107쪽.

김병희·정상수. 2010. 「광고 캠페인과 스토리텔링 전략 분석: 대한항공 '미국, 어디까지 가봤니?' 캠페인을 중심으로」. ≪광고PR실학연구≫, 3(1), 153~176쪽.

김서영. 2020.5.1. "굶주린 자녀 잠들길 기다리며 돌로 요리 시늉한 케냐 엄마". 연합뉴스.

김원철. 2004.6.27. "추기경 김수환 이야기 56: 제44차 서울세계성체대회". ≪가톨릭평화신문≫, 779호.

김윤식. 2005. 『내가 살아온 20세기 문학과 사상: 갈 수 있고, 가야 할 길, 가버린 길』. 서울: 문학사상, 131~137쪽.

김현우. 2021.7.26. "병명 개정 캠페인: '치매 걸렸니?' 일본에서 온 명칭, 이젠 바꾸자". ≪여성경제신문≫. http://www.facten.co.kr/news/articleView.html?idxno=203610

김환영. 2019.7.17. "스탕달, 사랑에 대하여: 백작부인에게 퇴짜 맞고 울다 쓰다 울다 썼다". ≪월간중앙≫, 201908호. https://jmagazine.joins.com/monthly/view/327014?msclkid=3eaf 3b11b3e511ecb6a9958838eb988c

네이버 지식백과. "사회성과연계채권(SIB)". 네이버(검색일: 2023.6.30).

문영숙·김병희. 2015. 『소비자 인사이트: 심리타점의 발견과 적용』. 서울: 커뮤니케이션 북스.

≪문화일보≫. 2009.12.8. "사설: 사랑과 나눔의 문화, 2009년 새 지평". ≪문화일보≫.

박성민. 2022.2.21. "현대차 반려견 헌혈 캠페인서 200마리 수혈용 혈액 확보". 연합뉴스.

박수진. 2011.4.29. "'나랑 결혼하자' 신문에 광고로 프러포즈한 남자". ≪한겨레≫.

박완서. 2006. 『빈방』. 서울: 열림원.

사토 다쓰야(佐藤達哉), 와타나베 요시유키(渡邊芳之). 2012. 『처음 만나는 심리학』. 김경원 옮김. 서울: 불광출판사.

Save the Children. 2019.5.9. "그리다 100가지 말 상처: 사랑한다고 한 말이 아이에게 부담을 준다고요?" Save the Children. https://www.sc.or.kr/news/storyView.do?NO=70113&m sclkid=3cd26c6cb3cf11ecb08047d86f209540

에반스, 퍼트리샤(Patricia Evans). 2018. 『언어폭력: 영혼을 파괴하는 폭력에 맞서는 법』. 이강혜 옮김. 서울: 북바이북.

연합뉴스. 2005.11.28. "연애 감정 화학물질 유효기간 1년". 연합뉴스.

윤미란. 2018.5.15. "스승의 날 시작이 궁금하다. 그리고 '스승의 날' 가장 듣고 싶은 말은?" ≪맘스매거진≫.

이근배. 1991.2.8. "문단수첩: 사랑했으므로 행복하였네라". ≪동아일보≫.

이완수. 2017. 『부고의 사회학』. 서울: 시간의 물레.

이은경. 2014. 「아날로그 브랜드스케이핑(Brandscaping)이 기업에 대한 수용자 태도에 미치는 영향: 교보생명 '광화문글판' 중심으로」. 홍익대학교 산업미술대학원 석사논문.

이재혁. 2022.3.28. "코로나 여파에 보건소 HIV 검사·신고 반토막, 감염관리 빨간불". ≪메디컬투데이≫.

장연제. 2019.4.3. "사랑의 유통기한? 남자는 10개월, 그럼 여자는?" ≪동아일보≫.

장영희. 2004.8.5. "장영희의 영미시 산책 31: 아들아, 고난과 도전까지 끌어안거라". ≪조선일보≫.

장영희. 2006. 『축복: 장영희의 영미시 산책』. 서울: 비채.

주경철. 2007.10.12. "해양제국 꿈꾼 중국의 위대한 30년: 주경철 교수의 문명과 바다3 - 정화의 원정(1405-1433)". ≪한겨레≫.

최인훈. 2008. 『회색인』(최인훈 전집2). 서울: 문학과지성사.

하민지. 2020.4.21. "한국 광고사 40년은 장애인 차별의 역사였다". ≪AP신문≫, http://apnews.kr/View.aspx?No=813936

Campaigns of the World. 2018.3.26. "Mother's Secret Weapons: Remember the days when every mum had a special weapon?" https://campaignsoftheworld.com/print/mothers-secret-weapons-mothers-day-campaign/

Celebre, Angela and Ashley Waggoner. 2016. "The Good, the Bad, and the Ugly of the Dove Campaign for Real Beauty." *In-Mind issue*, No.2 http://www.in-mind.org/article/the-good-the-bad-and-the-ugly-of-the-dove-campaign-for-real-beauty

ETBrandEquity. 2020.10.15. "Forevermark's New Campaign Celebrates Women's Timelessness and Individuality." *Economic Times.* https://brandequity.economictimes.indiatimes.com/news/marketing/forevermarks-new-campaign-celebrates-womens-timelessness-and-individuality/78675367

Harlan, Chico and Stefano Pitrelli. 2020.3.16. "In an Italian city, obituaries fill the newspaper, but survivors mourn alone." *Washington Post.* https://www.washingtonpost.com/world/europe/coronavirus-obituaries-bergamo-italy/2020/03/16/6c342f02-66c7-11ea-b199-3a9799c54512_story.html

Huffpost. 2012.6.20. "Benetton 'Unhate' Campaign, Featuring World Leaders Kissing, Wins Cannes Ad Festival Award." *Huffpost.* https://www.huffpost.com/entry/benetton-unhate-campaign-cannes-ad-festival-award_n_1613757

Jones, Jonathan. 2014.10.7. "Tracey Emin, The Last Great Adventure is You Review: A Lesson in How to be a Real Artist." *The Guardian.* https://www.theguardian.com/artanddesign/2014/oct/07/tracey-emin-review-the-last-great-adventure-is-you-white-cube-gallery-london

Nortycohen. 2014.2.18. "Flower Council Installs 'Emergency Flowers' in Paris for Vday Love

Situations." https://nortycohen.com/tracker/flower-council-installs-emergency-flowers-to-paris-for-vday-love-situations/

NY1 News. 2016.4.22. "City Launches Ad Campaign to Raise Awareness of Elder Abuse." New York City. https://spectrumlocalnews.com/nys/buffalo/news/2016/04/22/city-launches-ad-campaign-to-raise-awareness-of-elder-abuse

Reiss, Jaclyn. 2020.4.26. "Sunday's Boston Globe runs 21 pages of death notices as coronavirus continues to claim lives." *Boston Globe.* https://www.bostonglobe.com/2020/04/26/nation/sundays-boston-globe-runs-21-pages-death-notices-coronavirus-continues-claim-lives/

Sullivan, J. Courtney. 2013.5.3. "How Diamonds Became Forever." *New York Times.* http://www.nytimes.com/2013/05/05/fashion/weddings/how-americans-learned-to-love-diamonds.html

United Nations. 2022. "World Elder Abuse Awareness Day, 15 June." United Nations. https://www.un.org/en/observances/elder-abuse-awareness-day?msclkid=e5debc83b4dc11ec8fbcd50a5450fafc

Wedge, Marilyn. 2016.5.3. "What Is a Good Enough Mother?" *Psychology Today.* https://www.psychologytoday.com/us/blog/suffer-the-children/201605/what-is-good-enough-mother

Wikipedia. 2023. "Recuerdos de la Alhambra." Wikipedia. https://en.wikipedia.org/wiki/Recuerdos_de_la_Alhambra?msclkid=747cea24b48611eca3ad17f9146bca79

Wikipedia. 2023. "Van Cleef & Arpels." Wikipedia. https://en.wikipedia.org/wiki/Van_Cleef_%26_Arpels?msclkid=d53676c0b48611ec828fee38b8547da1

WPGM Staff. 2015.1.13. "Tiffany & Co. Unveils 'Will You?' Spring 2015 Campaign." *Conversations About Her.* https://conversationsabouther.net/tiffany-co-unveils-will-you-spring-2015-campaign-fashion-news/?msclkid=7101254db4de11ec9e980ac9ade0fea7

지은이

김 병 희 Kim Byoung Hee

현재 서원대학교 광고홍보학과 교수다. 서울대학교를 졸업하고 한양대학교 광고홍
보학과에서 광고학 박사학위를 받았다. 한국광고학회 제24대 회장, 한국PR학회 제
15대 회장, 정부광고자문위원회 초대 위원장, 서울브랜드위원회 제4대 위원장으로
봉사했다. 그동안 『광고가 예술을 만났을 때 아트버타이징』(학지사, 2021), 『광고
로 배우는 경영 통찰력』(한울엠플러스, 2019)을 비롯한 60여 권의 저서를 출간했
다. 또한 「광고 건전성의 구성요인과 광고 효과의 검증」(2022), "Analysis of the
Interrelationships among Uses Motivation of Social Media, Social Presence, and
Consumer Attitudes in Strategic Communications"(2019)를 비롯한 110여 편의 논문
을 국내외 주요 학술지에 발표했다. 한국갤럽학술상 대상(2011), 제1회 제일기획학
술상 저술 부문 대상(2012), 교육부·한국연구재단의 우수 연구자 50인(2017) 등을 수
상했고, 정부의 정책 소통에 기여한 공로를 인정받아 대통령 표창(2019)을 받았다.

E-mail: kimthomas@hanmail.net

지금은 우리가 사랑해야 할 시간
광고가 알려준 사랑법

ⓒ 김병희, 2023

지은이 ㅣ 김병희
펴낸이 ㅣ 김종수
펴낸곳 ㅣ 한울엠플러스(주)
편 집 ㅣ 조인순

초판 1쇄 인쇄 ㅣ 2023년 8월 10일
초판 1쇄 발행 ㅣ 2023년 8월 31일

주소 ㅣ 10881 경기도 파주시 광인사길 153 한울시소빌딩 3층
전화 ㅣ 031-955-0655
팩스 ㅣ 031-955-0656
홈페이지 ㅣ www.hanulmplus.kr
등록번호 ㅣ 제406-2015-000143호

Printed in Korea.
ISBN 978-89-460-8247-2 03320

※ 책값은 겉표지에 표시되어 있습니다.